SAMEN IM WIND

RICK WIENECKE

ISBN 978-965-7542-58-3

Bildnachweise: Geoff Barnard, Petra van der Zande, Rick Wienecke

Covergestaltung von Kevin Moffatt - MannaArt.com. Mit Einwilligung des Eigentümers verwendet.

Bearbeitung und Gestaltung: Petra van der Zande
Tsur Tsina Publications, Jerusalem, Israel.

Gedruckt in Israel von PRINTIV, Jerusalem

Bestellinformation:

Webseiten: **www.castingseeds.com**
www.lulu.com
E-Mail: **castingseeds@gmail.com**

Widmung

Ich widme dieses Buch von ganzem Herzen einem

großartigen Gott. In Seiner Güte hat Er mir einen

Retter, einen Herrn und einen Freund in Jesus

gegeben.

Er hat mir Dafna, Daniel und Yohai gegeben –

eine wundervolle Ehefrau

und zwei fantastische Söhne.

Er teilt Seine Liebe und Seine Tränen mit mir

über Sein Volk und Sein Land.

Ich möchte all unseren Freunden,

die dazu beigetragen haben,

dieses Buch zu verwirklichen, danken und sie segnen.

Ihr wisst genau, wer ihr seid, aber noch wichtiger ist:

Gott weiß genau, wer ihr seid.

INHALTSVERZEICHNIS

INHALTSVERZEICHNIS

Besucher sehen sich die Ausstellung im Garten an

1. KAPITEL

"Dies ist unser Zuhause und kein Museum!"

"Papa, was machst Du denn? Das ist total verrückt! Dies ist ein Zuhause, unser Zuhause und kein Museum!" Yohai, unser Teenagersohn, klang dieses Mal sehr verärgert. Er war spät aufgewacht, nachdem er mit seinen Freunden die ganze Nacht unterwegs gewesen war. Gerade erst aufgestanden und nur mit seinen Boxershorts bekleidet, lief er in die Arme von vier älteren deutschen Damen, die darauf warteten, unser im unteren Stockwerk gelegenes Badezimmer zu benutzen.

„Ich bin hier weg!", sagte Yohai voller Wut. „Papa! Du errichtest eine 20 Meter lange Mauer mit sieben Kreuzigungsszenen und sieben Bronzefiguren, die den Holocaust darstellen, in unserem Garten! Dougi (Yohais Freund) und ich haben darüber nachgedacht, uns eine Wohnung in Tel Aviv zu mieten, und wenn ich nur einen ‚schwarzen Hut´ [ultraorthodoxer Jude] vor unserem Haus sehen sollte, dann werde ich abhauen! Ich werde fortgehen!", drohte er. „Auf was warst du, als du dir das hier ausgedacht hast?" [ein Drogenausdruck und bedeutet soviel wie: „Bist du bekifft? Halluzinierst du?"]

Der Tag hatte ganz normal angefangen, und in den Morgenstunden war ich dabei, an einem Auftrag für eine Bronzeskulptur in meinem Studio zu arbeiten. Obwohl „Die Quelle der Tränen" noch nicht fertiggestellt war, empfingen wir kleine Gruppen, um die bereits fertigen Teile der Ausstellung „Quelle der Tränen" im großen Garten hinter unserem Haus zu zeigen. Die deutsche Gruppe von ungefähr 35 Leuten, die gegen 15:00 Uhr angereist war, war der Grund für Yohais Wutanfall. Mein Sohn und ich waren jetzt allein in meinem Studio und starrten uns einfach nur an. Während Yohai auf meine Antwort wartete, waren seine Augen vor Wut weit aufgerissen. Was konnte ich ihm denn sagen? Wie hatte dies alles angefangen?

Im Jahr 2005, nachdem wir nach Arad gezogen waren, arbeitete ich weiter an dem Aufbau der „Quelle" in unserem Hinterhof.

Ein paar Leute fingen an, über dieses Projekt zu reden, und dann begannen sie anzurufen, um zu fragen, ob sie das Kunstwerk sehen dürften. Meine Familie befand sich inmitten des Lernprozesses, wie man mit einem großen Kunstwerk, das immer bekannter wurde, leben konnte – ein Umstand, den jeder Künstler freudig begrüßen würde. All die in Auftrag gegebenen lebensgroßen Skulpturen, die ich in den vergangenen Jahren anfertigte, hatten die Werkstatt verlassen und mir ein Gefühl der Vollendung gegeben. Aber die „Quelle", mein größtes Kunstwerk und eines mit dem ich für lange Zeit gerungen hatte, verließ unser Haus nicht und blieb in unserem Hinterhof.

Hinzu kam, dass aus jüdischer Perspektive es ja das Christentum gewesen ist, welches die Juden durch die ganze Geschichte hindurch für die Kreuzigung Jesu verdammt und die Grundlage für den Holocaust geschaffen hatte. *Wie konnte ich etwas kreieren, das die Beziehung zwischen dem Holocaust und der Kreuzigung widerspiegelt?*, fragte ich mich. *Das ist total verrückt! Yohai hat wahrscheinlich recht. Was dachte ich mir denn eigentlich?*

Als Yohai laut rief: „Das hier ist Israel! Weißt du nicht, wo Du lebst?", meinte er viel mehr als lediglich ein geographisches Gebilde. Er hatte völlig recht, Israel ist mehr als nur ein Konzept – es ist ebenso eine Nation. Diese Worte trugen zur Initiierung der Quelle der Tränen bei.

O dass mein Haupt Wasser wäre und mein Auge eine
Tränenquelle, dann wollte ich Tag und Nacht die
Erschlagenen der Tochter meines Volkes beweinen!
Jeremia 8,23

Mein Volk. Mein **Volk**. Diese Worte berührten mich sehr tief. So viel Geschichte war mit den Tränen Jeremias verbunden. Die Tränen, die ich vergossen hatte, wurden zu Wendemarken, Meilensteinen auf einem Weg, der mich, den „Nichtjuden", dazu brachte, mich an dieses Volk Israel zu hängen. Konnte ich es wagen, zu sagen oder möglicherweise zu flüstern: „**Mein Volk**"?

Was Yohai mir sagen wollte, war: "Verstehst du nicht, wo du lebst? Das hier ist Israel! Was du in deinem Hinterhof stehen hast, ist äußerst umstritten." Er war darüber besorgt, dass ultraorthodoxe religiöse Juden einen Massenprotest vor unserem Haus veranstalten würden.

„Ich verstehe dich total und stimme dir auch völlig zu", sagte ich
meinem Sohn. „Du kannst dir gar nicht vorstellen, wie sehr. Aber Yohai, ich musste dieses Kunstwerk einfach kreieren."
Die Tatsache, dass ich seine Frustration verstand, löste zwar das Problem nicht, aber wenigstens war es uns möglich gewesen, darüber zu
reden. „Wenn du glaubst, du solltest von zu Hause weggehen", sagte
ich ihm, „dann wirst du sicherlich sehr viel aus dieser Erfahrung lernen. Ich möchte, dass du weißt, dass du immer zurück nach Hause
kommen kannst. Aber", warnte ich ihn, „das, was ich mit der ‚Quelle'
geschaffen habe, kann ich nicht wieder rückgängig machen."

Als er sich abwandte, um aus dem Studio hinauszugehen, stellte ich
fest, dass er beinahe genauso alt war, wie ich es gewesen bin, als ich
von zu Hause wegging. Obwohl vom Alter her jünger, war er dennoch
reifer als ich damals. Während des dreijährigen Armeediensts werden
israelische Teenager viel schneller erwachsen. Zum Zeitpunkt, an dem
mein Sohn in die IDF (Israel Defense Force - Israelische Verteidigungs-
streitkräfte) eintreten würde, würde er erwachsen werden.

Allein in meinem Studio, versuchte ich, über unsere hitzige Diskussion
nachzudenken. Die „Quelle" war bereits in der Vergangenheit Auslöser
einiger Dilemmas gewesen, und ich wusste, dass es davon in der Zukunft noch mehr geben würde. Sollte solch ein Konflikt dazu führen,
dass er seine Sachen packen und ausziehen würde? Tränen schossen
mir in die Augen. War es das denn überhaupt wert? Wofür? Verstand
ich denn wirklich, was ich mit dieser Arbeit, der „Quelle der Tränen",
tat? Was trieb mich innerlich dazu an? Bin ich künstlerisch inspiriert?
Was bedeutet das eigentlich: Widerspiegelung im Leiden, eine Gemeinschaft? Haben diese beiden Persönlichkeiten, die des Holocaust
und jene der Kreuzigung von Jesus, im Lauf der Geschichte nicht immer konträr zueinander gestanden? Wer war ich denn, zu versuchen,
diese beiden miteinander zu verbinden?
Mein Volk, dachte ich wieder. *Warum fühle ich mich mit diesem so
sehr verbunden? Und mit dem Land, Israel, wo doch viele überrascht
waren, wenn sie hörten, dass gerade ich die israelische Staatsbürgerschaft besaß.*

Meine Gedanken schweiften zurück zu dem Zeitpunkt, als all dies begonnen hatte, als ich aus dem Haus meiner Eltern in Ontario, Kanada, ausgezogen war: mit neunzehn Jahren auf meinem Weg nach Vancouver, auf der Suche nach neuen und ungezählten Abenteuern.

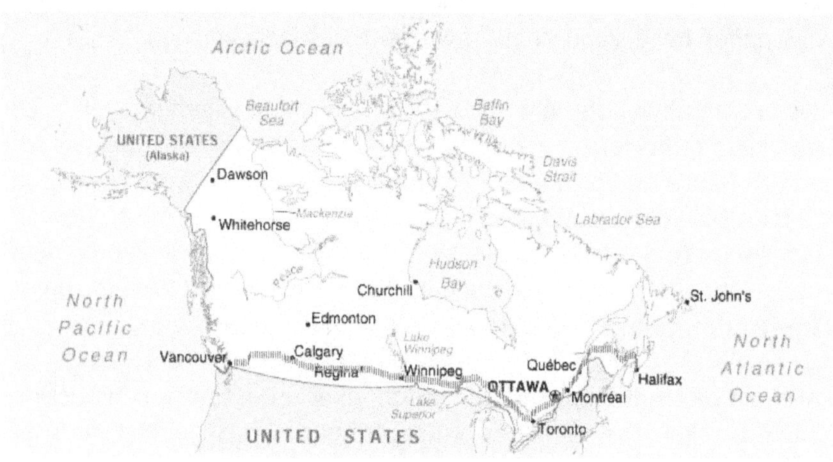

2. KAPITEL

Durch ganz Kanada

Die zehntägige Fahrt durch Kanada war großartig, obwohl ich mir die ganze Zeit unsicher war, ob mein alter Volkswagen-Kleinbus (1965) es bis zum Ende des Tages schaffen würde. Ich ertrank im gewaltigen Himmel der Kanadischen Prärieprovinzen und den niemals endenden Sonnenuntergängen; es war, als würde man in die breite Farbpalette eintauchen. Um die vielen Meilen und langen Fahrtstunden für mich angenehmer zu machen, rauchte ich und kiffte gemeinsam mit meinen beiden amerikanischen Anhaltern.

Obwohl Haschisch und Marihuana während meiner Zeit auf dem Gymnasium immer zu meinen Wochenenden dazugehörten, hatte ich es irgendwie geschafft, von den härteren Drogen fernzubleiben, obgleich ich nie verstanden habe, warum. Instinktiv hatte ich eine Grenze gezogen, die ich nicht gewillt war zu überschreiten. 
Weiche Drogen versetzten mich in eine glückliche Gemütsverfassung und lösten unkontrollierbare Lachanfälle und Albernheit aus.
Ich genoss diese Momente, doch gelegentlich verlor ich die Kontrolle. Wenn dies geschah, überkam mich eine tiefe Angst, eine Vorahnung, und die daraus resultierende Panik löste bei mir den Wunsch aus, einfach nur zu verschwinden, war jedoch nie stark genug, um mit den Drogen aufzuhören.

Die Ankunft in Vancouver gab mir ein schönes Gefühl der Zufriedenheit, aber bald wurde die Neuartigkeit der Westküste zur Routine meines einstigen Lebensstils. Mein Lebensmotto war, Spaß zu haben. Das war mir sehr wichtig. Ich hatte nur aus dem Grund eine Arbeit, um genug Geld zu haben genau dafür. Da mein eigenes Vergnügen mein Leben bestimmte, gab es nichts, was mich aufhalten konnte;

ich dachte niemals über die Konsequenzen, welche dieses Motto für mich oder andere haben könnte, nach.

Mädchen und Trinken waren rein zum Vergnügen da, und weil ich mich an die Regeln der „Jagd" in den Bars und Diskos hielt, war ich auch erfolgreich. Eines Nachts traf ich ein Mädchen in einer Bar, und bereits nach kurzer Zeit wohnten wir zusammen. Eines Abends, nachdem wir ziemlich viel Bier getrunken hatten, fragte sie plötzlich: „Glaubst du eigentlich, dass es einen Gott gibt?"

Ich mochte diese Frage nicht, denn so musste ich über etwas anderes als mich selbst nachdenken. Ich sagte ihr, dass ich die Urknalltheorie verwarf. Ich glaubte nicht daran, dass unser Universum durch eine große Explosion vor Milliarden Jahren entstanden war. „Ich glaube daran, dass es einen Schöpfer gibt", sagte ich ihr. „Das große Spektrum an Farben im Herbst, wenn die Blätter sich färben, muss ein geplanter Schöpfungsakt sein und nicht einfach purer Zufall."

Die Antwort überraschte mich selbst und schien sie zufriedenzustellen, und der Moment, in dem wir über etwas anderes als uns selbst nachdachten, ging so schnell vorüber, wie er gekommen war. *Ja, es ist gut zu wissen, dass es einen Gott gibt*, dachte ich, *aber wen kümmert das denn überhaupt?* Wir kehrten zurück zu den Dingen, die wirklich wichtig waren, und bestellten die nächste Runde Bier ...

Nach ein paar Monaten begann sich unsere Beziehung abzukühlen; die Spontanität war nicht mehr da; wir kannten uns schon zu gut. Es war für mich an der Zeit weiterzuziehen.

In einem alten viktorianischen Haus im Stadtzentrum von Vancouver mietete ich eine billige Erdgeschosswohnung, die ein höhlenartiges Gefühl vermittelte. Um meinen Unterhalt zu verdienen, wurde ich Taxifahrer.

Eines verregneten Sonntagabends gab es nur sehr wenig Arbeit, und die meisten Fahrer parkten in verschiedenen Teilen der Stadt und warteten auf eine Fahrt. Ich war als Nächster an der Reihe, wenn ein Taxi gebraucht würde, und wartete in meinem Auto auf dem Parkplatz neben der Zentrale. Plötzlich öffnete sich die Beifahrertür und Antonio stieg ein, mit einem breiten Lächeln auf seinem Gesicht.

Dieser portugiesische Typ war meistens glücklich, aber dieses Mal war etwas Besonderes los.

„Rate mal, was ich habe!" Er wartete meine Antwort nicht ab und sagte: „Kolumbianer! Mit ein bisschen LSD gestreckt." Ich war nicht sicher, was das bedeutete. Ich wusste nur, dass kolumbianisches Marihuana zu den besten Sorten gehörte und einen „higher" machte als die meisten anderen Sorten. *Aber wie kann man es mit LSD vermischen?*, wunderte ich mich. Da es sowieso eine ruhige Nacht war, beschloss ich, dass es egal sei und wir den Joint rauchen würden.

Gerade als Antonio und ich mit dem Rauchen fertig waren, kam Leben in den Taxifunk, und man sagte mir, dass ich jemanden aus einer ländlichen Gemeinde, ungefähr 15 Minuten von meinem derzeitigen Standort, abholen solle. Ich hegte die Hoffnung, dass, bis ich die genannte Adresse erreicht haben würde, der Drogengeruch sich aus dem Auto verflüchtigt hätte, aber aufgrund des heftigen Regens konnte ich das Fenster nicht offen lassen.

Die Wirkung des Marihuanas traf mich circa zehn Minuten, nachdem ich losgefahren war – viel schneller als normal und viel aggressiver. Plötzlich fühlte ich mich, als würde etwas über mich kommen, und mich ergriff die Angst. Meine Herzfrequenz stieg an, und als ich in die Kleinstadt hineinfuhr, war ich von Paranoia ergriffen.

Obwohl ich die Gegend kannte, hatte ich Probleme damit, die Straßennummer zu finden, und ich kämpfte darum, ruhig zu bleiben, obgleich der trommelnde Regen mich verrückt machte. Am Ende stellte sich heraus, dass unter der Adresse eine kleine Kirche war. Ich hielt am Eingang und ließ den Motor laufen, während mein Kopf und meine Gedanken rasten und mein Herz mir bis zum Hals schlug. *Wenn ich einfach nur das Lenkrad halten kann, dann werde ich schon okay sein,* dachte ich.

Die Kirche war ein charakteristisches weißes Gebäude mit einem hohen spitzen Dach und einem Kreuz auf der Spitze. Ich starrte auf die beiden großen Eingangstüren der Kirche und hoffte darauf, dass, wer auch immer die Fahrgäste sein mochten, sie nicht herauskommen würden.Im nächsten Moment öffneten sich die Türen und eine Gruppe älterer Damen lief auf mein Taxi zu.

Mit ihren kurzen weißen Haaren sahen sie alle gleich aus, und so, wie das Wasser die Autofenster hinunterlief, strömten sie zu meinem Auto. Eine Stimme in meinem Kopf sagte immerzu: „Öffne die Türen nicht! Lass sie nicht einsteigen!" Indes öffneten sich die Autotüren, und eine nach der anderen stieg in das Taxi ein. Zwei Damen setzten sich neben mich, während die anderen drei den Rücksitz bis auf den letzten Platz besetzten.

Ich war nah dran durchzudrehen. Ohne eine von ihnen anzusehen, fuhr ich langsam los und kämpfte damit, das Auto auf der Straße zu behalten. Glücklicherweise war es nur eine kurze Fahrt zu dem Seniorenheim, in dem die Damen lebten.

Nachdem ich den Fahrpreis erhalten hatte, fuhr ich schnell weg. Nach ein paar hundert Metern hielt ich das Auto an und stellte den Motor aus.

Alles, was ich tun konnte, war, einfach dazusitzen und tief ein- und auszuatmen. Ich hatte solche Angst, so furchtbare Angst. Mir passierten manchmal schlechte Dinge, wenn ich bekifft war, aber ich hatte noch nie so eine schreckliche Erfahrung gemacht.

3. KAPITEL

Eine sternenklare Nacht auf einem offenen Feld

Ich dachte noch lange Zeit an die Geschehnisse dieses Abends. Ich wusste nicht, was ich tun sollte, oder ob ich irgendetwas unternehmen sollte. Ich war immer fähig gewesen, Dinge einfach hinter mir zu lassen, mich neu zu orientieren, weiterzumachen und nach dem nächsten Abenteuer Ausschau zu halten. Dieses Mal konnte ich das nicht. Das erste Mal in meinem Leben war ich verzweifelt und fühlte mich allein.

Wenige Abende später ging ich mit meinem Hund spazieren und setzte mich auf das Gras eines ruhigen Feldes, weit weg von allem. Am klaren Nachthimmel standen Millionen von Sternen. Die Schönheit und Weitläufigkeit des Universums hoben mich über mich selbst hinaus und erfüllten mich für diesen einen stillen Moment.

Ich war überrascht, als die Stille von meiner eigenen Stimme durchbrochen wurde: "Wenn es dort oben irgendjemanden gibt, dann möchte ich all diesen Mist aufgeben." Es war eine Art Gebet. Als ich über mein Leben nachdachte, fühlte ich mich innerlich schmutzig, ein Schmutz, der sich angesammelt hatte, aber der nicht weggespült oder ignoriert werden konnte. Dieser Dreck schien sogar nach etwas zu riechen – er roch nach Tod.

Noch tagelang dachte ich an dieses kurze Gespräch in jener Nacht auf dem Feld. Ich diskutierte mit mir selbst darüber, dass dies totaler Unsinn war, und hoffte verzweifelt, es möge mich niemand gesehen haben. Falls mir zufällig irgendjemand zugehört haben sollte, dann würde dieser Jemand sicherlich annehmen, dass ich mit dem Hund geredet hatte. Ich bemühte mich, darüber hinwegzukommen, und versuchte, zu dem mir bekannten Leben zurückzukehren. Aber dieser Geruch blieb.

Schließlich entschloss ich mich, auf die Aussage, dass mit dem Mist in meinem Leben etwas geschehen müsse, Taten folgen zu lassen.

So dachte ich, dass ich vielleicht mit dem Rauchen von Zigaretten aufhören könnte. Der Warnung auf jeder Packung Zigaretten zufolge waren diese schlecht für die Gesundheit, deswegen schien dies eine vernünftige Entscheidung zu sein. Für die ersten vier Stunden war es okay, aber dann erkannte ich, wie sehr ich das Rauchen liebte, wie sehr ich mich nach dem Nikotin sehnte.

Zigaretten gaben meinem Tag eine gewisse Struktur. Ich aß bestimmtes Essen, weil eine Zigarette danach besser schmeckte.

Ein Bier zu trinken, ohne dabei zu rauchen, war einfach undenkbar. Ich hatte nicht geplant, kein Bier mehr zu trinken, aber wie konnte ich ohne meine Zigaretten überhaupt trinken? Plötzlich war mein ganzes Leben in Aufruhr.

Nachdem ich drei Tage damit gekämpft hatte, ohne Zigaretten zu leben, fühlte ich mich, als ob ich sterben würde. Ich erkannte, dass Zigaretten einen großen Teil meines Lebens ausgemacht hatten, und deshalb wurde mir meine Antwort auf das, was sich im Feld zugetragen hatte, immer weniger wichtig.

In dieser Nacht waren meine Taxifahrten sehr lästig – zumeist kurze Fahrten ohne Trinkgelder. Das Wetter war kalt, und es sah so aus, als könnte es bald zu schneien beginnen oder als ob es Eisregen geben würde.

Die meisten Kunden waren Betrunkene, die mit einem Taxi nach Hause fahren wollten, statt ihr Leben aufs Spiel zu setzen, wenn sie nach Hause liefen. Ich war froh, wenigstens einen Dollar und fünfzig Cent für eine Fahrt zu erhalten, ohne irgendein Trinkgeld. Es war nicht nur die Arbeit, die mich nervte, sondern auch die Tatsache, dass es der dritte Tag ohne eine Zigarette war. *Warum mache ich das eigentlich?,* fragte ich mich. *Nicht zu rauchen ist wirklich bescheuert!*

In dem Augenblick, als ich mir meine Blödheit eingestand, wurde plötzlich die vordere Beifahrertür aufgerissen. Eine Hand griff nach dem Vordersitz und dann kamen der Kopf, ein weiterer Arm und ein Paar Beine in das Auto, die nicht zusammenzugehören schienen. Die miteinander ringenden Körperteile wurden wieder eins, begleitet von einem Schwall von Schimpfwörtern aus dem Munde eines Mannes.

Während der Mann versuchte, sich irgendwie hinzusetzen, verfluchte er einfach alles und jeden. Ganz zusammengekrümmt im Autositz versuchte er zu Atem zu kommen, drehte sich zu mir und wollte mir seine Adresse mitteilen. Er benötigte drei Anläufe, bis ich genug brauchbare Worte verstand, wohin er gefahren werden wollte. Das Auto war umgehend von dem Gestank des Betrunkenen erfüllt. Es war der schlimmste aller Gerüche, da er nicht einfach jemand war, der zu viel getrunken hatte; in seinem Fall hatte der Alkohol ihn verzehrt. Dieser Mann hatte nicht nur an diesem Abend getrunken, er sah so aus, als würde er dies bereits seit Tagen tun. Ich war verblüfft, dass er sich überhaupt noch an seine Adresse erinnern konnte.

Ich wusste ungefähr, wo er wohnte, und war mir sicher, dass seine Wohnung leer sein müsse – niemand konnte mit solch einem Mann leben. Wie hatte er es nur von der Hotelbar bis zum Taxistand und über die Straße geschafft? Dies widersprach jeglicher Logik.
Für ungefähr zehn Minuten saß der Mann ruhig in seinem Sitz, und ich dachte, er sei eingeschlafen. Plötzlich rührte er sich und begann, vor sich hin zu murmeln; dann wurde er unruhig, suchte und wühlte in seinen Taschen. Sobald er gefunden hatte, wonach er suchte, entspannte er sich. Sich in seinem Sitz breitmachend nahm er eine Zigarette aus einer Klappdose. Er schaffte es, seine Zigarette mit dem Feuerzeug anzuzünden, und nahm einen tiefen Zug.

Bis genau zu diesem Augenblick hatte alles an diesem Fahrgast schlecht gerochen und war trostlos gewesen. Doch plötzlich erfüllte mich eine Leichtigkeit, und mich überkam das Gefühl von einer Atempause, sogar von Rettung. Dieser gebrochene und elende Mensch würde mich retten. *Ich werde nicht wirklich rauchen,* dachte ich, *ich werde einfach nur inhalieren, was er auspustet.* Es war eine merkwürdige Verwandlung, denn meine vorige Ablehnung verwandelte sich in Wertschätzung und sogar in ein Gefühl der Freundschaft.

Aufgrund des frühen Wintereinbruchs war die Nacht so kalt, dass wir die Autofenster geschlossen halten mussten, so konnte der Rauch nicht abziehen. Während ich darauf wartete, dass der Zigarettenrauch mich erreichen würde, fühlte ich mich seit Tagen das erste Mal wieder glücklich.

Als der Rauch meine Nase erreichte, inhalierte ich tief, aber zu meiner eigenen Überraschung lehnte sich alles in mir dagegen auf, und ich wich zurück, anstatt mich darüber zu freuen. Es ist schwer, das Schock-gefühl zu beschreiben, das mich überkam. Der Rauch war abscheulich geworden, fremd, etwas, das ich nie gekannt zu haben schien. Mein alter „Freund" ekelte mich an, mein Magen lehnte sich so sehr auf, dass ich mich einfach nur übergeben wollte. Schnell kurbelte ich das Autofenster hinunter. In diesem Moment war mir die Kälte nicht län-ger wichtig, denn ich brauchte dringend frische Luft. Mein Kopf hing teilweise aus dem Fenster – und dies nicht nur, um die frische Luft tief einzuatmen –, ich wollte mich außerdem physisch von dem Rauch entfernen. Mein Fahrgast konnte nicht verstehen, warum es auf ein-mal so kalt und windig im Taxi geworden war. Als er feststellte, dass ich das Fenster heruntergekurbelt hatte und dass ich es nicht wieder schließen wollte, fing er an, mich mit allen erdenklichen Schimpfwör-tern zu beschimpfen. Mir war das egal. Dass er sich weigerte, für die Fahrt zu bezahlen, störte mich auch nicht.

Auf meinem Weg zurück in die Stadt versuchte ich, das eben Gesche-hene zu kapieren. Ich verstand nicht länger, wer ich eigentlich war; in mir drin hatte sich etwas verändert. Etwas bisher für mich sehr Wichti-ges war mir genommen worden. Es kam mir vor, als ob ich niemals zuvor in meinem Leben geraucht hätte, und ich wusste, dass ich nie wieder rauchen würde.
Aber da war noch mehr. Ich fuhr das Auto an den Straßenrand und saß einfach nur da. Ich starrte vor mich hin und wollte nicht denken, konn-te aber nicht anders. *Jemand hat mich verändert, aber ich habe nichts mit dieser Veränderung zu tun,* dachte ich. Plötzlich stieg Angst in mir auf. *Wer hat mich verändert? Wer hat dies getan? Hatte Er mich auf dem Feld gehört? Was denke ich mir eigentlich? Und wer ist Er? Das muss ich wirklich herausfinden!*

So begann meine Suche nach Gott – diesem „Er". Ich wusste, dass dies außerhalb meiner Welt lag, jenseits dessen, was ich sehen konnte, etwas, das außerhalb meiner natürlichen Sinne lag. Er war etwas oder jemand Geistiges, was auch immer das bedeuten mochte.

4. KAPITEL

Das Entdecken von *Exodus*

Während ich auf der Suche nach der Wahrheit war, probierte ich verschiedene Formen von Meditation, Bewusstseinserweiterung und alle möglichen Diäten. Auch wenn ich „Ihn" finden wollte, falls Er wirklich da war, wollte ich, dass Er sich mir zeigt. In meinem Herzen wusste ich um Seine Existenz, aber ich wagte nicht, das laut auszusprechen. Dieser Gedanke ängstigte mich und zog mich auch gleichzeitig an.

An einem ruhigen Tag saß ich zutiefst gelangweilt in meiner Erdgeschosswohnung. Es war einer dieser Tage, mit denen ich nichts anfangen konnte und an denen auch absolut nichts passiert. Sogar die Luft fühlte sich schwer und verbraucht an. Was nicht verwunderlich war, denn alles in dieser Wohnung waren alte und ausrangierte Dinge. Die meisten der Möbel waren aufbewahrt worden in der irreführenden Vorstellung, dass sie in der Zukunft noch Verwendung finden würden.
Ich blieb in meinem kleinen Schlafzimmer mit meinem einzig wahren Freund, einem Fernseher, der mir Gesellschaft leistete und mich von dem Müll auf der anderen Seite der Tür abschottete. Die andere Seite enthielt eine Welt voller muffiger Dinge in Pappkartons, die einfach vergessen worden waren, und voller krummer Metallregale, die nie gerade standen und mit alten Büchern aller Größen und Formen gefüllt waren.
Bald, innerhalb der nächsten halben Stunde, würde mit einem TV-Programm meine Langeweile enden.
Als ich aus dem Bad zurückkehrte, blickte ich auf einige Bücher auf dem Regal und berührte diese sogar leicht mit meinem Finger – etwas, das ich niemals zuvor getan hatte.
Lesen war etwas, das ich immer vermied, und ich konnte nicht verstehen, warum Leute solch ein Aufsehen darum machen. Meine Eltern liebten es beide zu lesen, und meine ältere Schwester war auch ein Bücherwurm. Sie sagten immer solche Sachen wie: „Dieses Buch ist so gut, ich kann es einfach nicht weglegen!" oder „Sag mir Bescheid, wenn Du es zu Ende gelesen hast."

Aber am schwersten zu glauben war für mich folgender Ausspruch: „Der Film war gut, aber das Buch ist viel besser.“

Unter keinen Umständen werde ich meine Langeweile durch das Lesen eines Buches bezwingen, dachte ich. Ich hatte immer mit der Tatsache angegeben, dass ich das Gymnasium geschafft hatte, fast ohne dabei irgendein Buch gelesen zu haben, eine Einstellung, die bei meinen Freunden hoch angesehen war. Aber diese waren momentan weit weg von mir, und ich musste noch fünfzehn Minuten warten, bis um 16 Uhr das Nachmittagsprogramm beginnen würde. Ich suchte mir willkürlich irgendein Buch heraus und ging zurück in mein Zimmer, während ich mir meine staubigen Hände an meiner Hose abwischte.

Der einzige Stuhl in meinem Zimmer war alt, aber bequem. Ich öffnete das Buch nicht sofort, sondern drehte es mehrmals in meiner Hand. **„Exodus“** – irgendwie kam mir der Titel des Buchs bekannt vor, und ich erinnerte mich daran, dass es verfilmt worden war. *Vielleicht gibt es ein paar Bilder in diesem Buch,* dachte ich. *Keine schlechte Idee! Nur noch zehn Minuten, die ich herumkriegen muss, bis das TV-Programm beginnt. Alles ist mir lieber, als zu lesen.*

Die wenigen Schwarzweißbilder im Buchinneren sagten mir rein gar nichts. Aber in dem Moment, in dem ich anfing, das Buch doch zu lesen, tauchte ich in die Geschichte ein. Es begann schnell mit einer Mischung aus verschiedenen Ereignissen. Ein Reporter, der eine alte Freundin trifft, eine Krankenschwester auf Urlaub in Zypern – das weckte mein Interesse.

Dann gibt es ein altes Schiff voller Kinder, jüdischer Kinder. Obwohl ich vieles nicht verstand, wollte ich aber aus irgendeinem Grund mit dem Lesen nicht aufhören. *Ich werde bis halb fünf lesen,* entschied ich mich. Allmählich wurde die Geschichte komplizierter, da mehr Namen eingebracht wurden, wie Hagana, Palästina, das britische Mandat und Holocaust. Es gab so viel, das ich nicht verstand, aber inzwischen hatte ich die Zeit vergessen. Als es zum Lesen zu dunkel wurde, schob ich den Stuhl näher zum einzigen Licht im Zimmer. Schließlich schlief ich auf dem Stuhl mit dem Buch auf meinem Schoß ein.

Am nächsten Morgen wollte ich weiter lesen, aber ich musste arbeiten gehen. An diesem Tag erledigte ich alles, was nötig war, und kehrte schnell nach Hause zurück, damit ich weiterlesen konnte.

Dieses Muster setzte sich durch die ganze Woche hindurch fort, und sogar während der Arbeit gingen meine Gedanken zurück zu der Erzählung. Es schien so, als sei meine Wohnung lebendig geworden, als würde jemand auf mich warten, mich erwarten. Das war aufregend. Sobald ich auf meinem Stuhl saß, tauchte ich wieder in die Welt von *Exodus* ab. Es war ein Ort des Kampfes, nicht nur gegen die Deutschen, sondern auch gegen die Briten, Russen oder Polen – für diese Juden ein Kampf gegen eine zweitausendjährige Trennung von einem Land, das nun dazu bereit schien, seine Tore für sein Volk, das vorzeiten dort gelebt hatte, zu öffnen, nach der größten Zerstörung in ihrer Geschichte – dem **Holocaust**. Das Wort Holocaust schien vor dem Hintergrund aller anderen Namen, die ich in diesem Buch kennenlernte, herausgehoben zu sein. Es war das Wort, welches die komplexen Sichtweisen jeder Volksgruppe, die in der Erzählung dargestellt wurde, miteinander verband. *Warum scheint diese Erzählung mein Leben in Besitz zu nehmen?*, fragte ich mich. *Ich lese nicht nur tatsächlich ein Buch, sondern ich lerne auch über eine Geschichte, die mit einem Volk zu tun hat, das mir so fremd ist und so weit weg von mir.* Ich las weiter.

Durch die Persönlichkeiten in der Erzählung erklärte Leon Uris die Geschichte, indem er davon erzählte, wie die Juden im Russischen Reich am Ende des 19. Jahrhunderts litten. Ich las über junge Juden, die in das osmanische Palästina auswanderten, um Gemeinschaftsbauernhöfe aufzubauen. Die Juden verließen Europa, weil sie verfolgt wurden, aber gleichzeitig zog es sie innerlich, geistlich zurück in dieses Israel.

Ich lernte über Konzentrationslager, die Viehwaggons, die Todeslager, die Todesmärsche, die Leichenhaufen, die noch nicht in den Öfen verbrannt worden waren. Auch über die anderen Körper, die bis zum heutigen Tag noch immer nicht in den dunklen Orten der fernen Wälder gefunden worden sind. Die Informationen schockierten mich zutiefst, und es war kaum möglich, sie zu begreifen. Dieser Teil des Buches schien mich innehalten zu lassen, weil ich vorher nichts über den Holocaust wusste. Die Hauptquelle meiner Informationen, der Fernseher, hatte mich durch unzählige Filme über den Zweiten Weltkrieg unterrichtet und mir beigebracht, dass die Amerikaner immer die Guten und die Deutschen die Bösen waren.

Mein Wissen über den Nahen Osten war ebenso kläglich. Internationale Nachrichten interessierten mich überhaupt nicht. Für mich war der Nahe Osten immer ein Krieg, der jederzeit ausbrechen konnte. Solange dies nicht meinen Freitag- und Samstagabend beeinträchtigte, war es nicht wichtig; es war mir einfach egal.

Durch das Lesen dieses Buches hatte sich etwas in mir verändert. *Sollte ich jetzt, nachdem ich die Hälfte des Buches gelesen habe, aufhören?*, fragte ich mich. *Muss ich noch mehr wissen? Vielleicht sollte ich wieder normal werden.* Aber ich konnte einfach nicht anders und las weiter.

Als ich die Zeit des Unabhängigkeitskriegs erreicht hatte, gab mir das Buch detaillierte Informationen, die darauf hinausliefen, dass die Juden massiv unterlegen waren und nicht über ausreichend Waffen verfügten. Drei der sieben arabischen Armeen, die Israel angriffen, waren durch die Briten ausgebildet worden und sehr gut ausgerüstet. Plötzlich erkannte ich, dass für die Juden dieser Krieg sehr leicht die letzte Etappe der „Endlösung", die Hitler für sie im Sinne gehabt hatte, hätte sein können. Als ich über den Unabhängigkeitskrieg las, der die Geburtsstunde des Staates Israel 1948 einläutete, fühlte ich, wie ich mich immer mehr emotional an dieses Volk und Land band. *Sie hätten nicht gewinnen können,* dachte ich, *aber sie haben gesiegt!* Eine Gruppe von Leuten, die nur drei Jahre zuvor zwei Drittel ihrer Bevölkerung in Europa verloren hatten, musste jetzt einen unmöglichen Krieg führen. Ihr Überleben war ein Wunder.

Plötzlich überkam mich ein Gedanke: *Wenn es da oben einen Gott gibt, und ich fange an, das zu glauben, dann hat Er etwas mit diesen Juden zu tun! Ich muss herausfinden, was es mit ihnen auf sich hat.*

5. KAPITEL

Befreiung in Entebbe

Nachdem ich das Buch beendet hatte, las ich es ein zweites Mal und begann einige der erwähnten historischen Tatsachen zu überprüfen. Ich fand heraus, dass die meisten präzise waren. Dann fing ich an, nach Büchern über den Holocaust und den Beginn des Staates Israel zu suchen. Begierig las ich sie alle, denn ich bewegte mich auf etwas zu, was ich nicht kannte, aber ich fühlte mich davon angezogen, und ich wusste, dass es etwas mit Ihm zu tun hatte.

Am 27. Juni 1976 spielte ich auf einer Fahrt durch Vancouver gedankenlos mit dem Radio auf der Suche nach irgendeiner Musik. Normalerweise suchte ich schnell nach einem anderen Sender, wenn ich auf einen Nachrichtensender traf. Als ich jedoch das Wort „Israel" hörte, verstellte ich den Drehknopf des Radios, um einen besseren Empfang zu bekommen.

Die tiefe ernsthafte Stimme des Sprechers berichtete über die Entführung eines Flugzeuges der Air France, das von Tel Aviv nach Paris unterwegs war. Deutsche Terroristen, die mit der Palästinensischen Befreiungsorganisation (PLO) in Verbindung standen, steckten dahinter. An Bord waren ausländische Juden, Israelis und Menschen anderer Nationalität. Die Geiseln wurden zum Flughafen Entebbe in Uganda,

Afrika, gebracht, und bei ihrer Ankunft wurden die Juden von den anderen abgesondert.

Etwas erschütterte mich. Da ich mich emotional mit ihnen verbunden fühlte, war ich begierig darauf zu erfahren, was die Regierung Israels tun würde. Die Flugzeugentführer forderten die Befreiung zahlreicher PLO-Kämpfer aus israelischen Gefängnissen im Austausch für das Leben dieser Juden.

Flughafen von Entebbe in Uganda

Falls die Forderungen nicht erfüllt würden, wollten die Flugzeugentführer mit der Tötung der Geiseln innerhalb der nächsten Stunden beginnen. *Warum?*, fragte ich mich. *Warum ist deren Leben so wertvoll? Irgendwie werden Juden immer verschachert, aber noch häufiger werden sie zum Töten ausgesucht.*

In den folgenden Tagen quälte mich diese Frage immer wieder, während ich versuchte, in den Nachrichten über die Flugzeugentführung auf dem Laufenden zu bleiben. Die Juden wurden auf dem Flughafen in einem anderen Raum festgehalten. *Warum wurden sie von den anderen Passagieren getrennt? War dies eine weitere „Selektion" – ein schwerwiegendes Wort für einen Holocaustüberlebenden – und nun wurde es wieder von Deutschen benutzt und umgesetzt?*
Ich erfuhr, dass während der ersten 24 Stunden eine Vereinbarung getroffen wurde, Israel ein paar Tage Zeit zu geben, um eine Entscheidung zu treffen. Wenigstens hatten sie etwas Zeit gewonnen.

Tage später, am 4.Juli, während ich auf der Autobahn nach Vancouver hineinfuhr, suchte ich einen Nachrichtensender im Radio. Da die Deadline der Terroristen nahte, hatte ich Angst vor dem, was ich vielleicht erfahren würde. Zur gleichen Zeit fragte ich mich, warum ich betroffen war, warum ich Empathie empfand, und suchte weiter nach einem Nachrichtensender, bis ich eine Stimme sprechen hörte.

Mein Herz setzte einen Schlag aus, als ich Rufe, Lachen und viele Leute gleichzeitig sprechen hörte. Und hörte ich etwa Gesang!?

Mit ergriffener Stimme versuchte der Sprecher die Szene auf dem Rollfeld des

Flughafens Ben Gurion in Tel Aviv zu beschreiben.

Er war von den befreiten Juden umgeben, die sicher aus Entebbe nach Hause zurückgekehrt waren. Der Reporter sprach über die Soldaten der IDF und die Passagiere, die jetzt in Sicherheit waren. Alles, was er von einem der Passagiere erhielt, war ein tränenerstickter Satz. Sie waren gerettet! Ich traute meinen Ohren nicht!

Durch eine unglaublich komplizierte und gefährliche Mission hatte Israel eine Elitegruppe von Soldaten zur Befreiung ihrer Geiseln ausgesandt. Dieses Mal war die Selektion gescheitert – die Juden lebten!

Es ist unmöglich zu beschreiben, was mit mir in diesem Moment geschah, aber es war, als ob etwas in mir hochging; etwas explodierte und versuchte einen Weg nach außen zu finden. Ich fuhr das Auto an den Straßenrand und begann zu weinen, dann zu schluchzen; derweil gingen die Freude und das Jubeln im Radio weiter. Es war alles so seltsam, ich erkannte mich überhaupt nicht wieder.

Warum habe ich diese Gefühle für jemanden, den ich gar nicht kenne?, fragte ich mich. Plötzlich wurde mir alles klar, und ich wusste sicher: *Ich muss gehen und diesen Ort, dieses Israel, sehen!*

6. KAPITEL

Vorbereitung auf das Erleben eines israelischen Kibbuz'

Vancouver zu verlassen, war komplizierter, als ich erwartet hatte. Wenn mein Reiseziel Israel war, wie sollte ich dies dann schaffen? Mein wesentlicher Plan bestand darin, sechs Monate in Israel zu verbringen und dann mit dem Rucksack durch Europa zu reisen. Ich vermutete, dass ich dafür ein ganzes Jahr brauchen würde.

Als ich über das Problem nachdachte, wie ich für mich selbst sorgen sollte, während ich in Israel sein würde, rechnete ich mir aus, dass es sicher amerikanische und kanadische Firmen gäbe, die englischsprechende Personen brauchten und mir vielleicht eine Arbeit anbieten könnten.

In einem Brief an die israelische Botschaft in Ottawa schrieb ich über meine Reisepläne und fragte, ob sie über eine Liste mit ausländischen Firmen in Israel verfügten. Innerhalb von zwei Wochen erhielt ich eine Antwort, einschließlich einer Liste von ungefähr fünfundzwanzig Firmen in Israel, die ihre Muttergesellschaft in Nordamerika hatten. Der Brief von der israelischen Botschaft schien meine Reisepläne realisierbarer zu machen, und dadurch wurde ich noch mehr ermutigt. Sorgfältig überprüfte ich Firmennamen und Kontaktinformationen. Am unteren Rand der Seite bemerkte ich eine Adresse in Vancouver von einem jüdischen Gemeindezentrum. Ich hatte nicht gewusst, dass es ein jüdisches Zentrum in Vancouver gab. Aber warum sollte ich überrascht sein? Bis vor ein paar Wochen hatte ich noch nicht einmal gewusst, dass es Juden gibt.

Das Gemeindezentrum würde ein guter Ausgangspunkt sein, da es sich in der mir bekannten Innenstadt befand. Während ich an diesem Morgen zum Zentrum fuhr, hinterfragte ich meine Taten. Das Schreiben des Briefes an die Botschaft war eine Reaktion auf eine emotionale Begegnung gewesen, die ich noch nicht verstand. Das Buch *Exodus* war ein Anfang gewesen, aber doch nur ein Buch, eine tolle Erzählung, in welche die Beziehung eines Landes und eines Volkes verflochten wurde.

Aber in jeder anderen Hinsicht hatte Israel für mich nicht existiert. Die jüngste dramatische Geschichte der Befreiung in Entebbe hatte mich näher an die Realität gebracht. Ich fragte mich, was mein Besuch in diesem Zentrum bringen würde.

Das zweigeschossige Gebäude hatte einen großen Davidsstern über dem Haupteingang. Im Hauptfoyer sah ich mir die aufgelisteten Büros mit ihren entsprechenden Stockwerken und Zimmernummern an, bis ich das vermutlich richtige fand – Informationsabteilung über Israel, Zimmer siebenunddreißig, zweiter Stock. *Ich nehme die Treppen*, dachte ich. *Der Fahrstuhl ist zu schnell. Ich brauche Zeit zum Nachdenken. Ich werde gleich mit einer echten Person in Kontakt kommen.*

Dieses Mal war es nicht ein Buch oder ein Nachrichtensprecher oder ein Brief. Nein, dieses Mal würde es echt sein. Ich brauchte Zeit, mir die Fragen zu überlegen, die ich der Person, die ich treffen würde, stellen wollte. Während ich langsam die Treppen höher stieg, wurde ich immer nervöser, und als ich Zimmer siebenunddreißig erreichte, schien mir wie schwindlig zu sein. Unter dem Zeichen der Israelabteilung war ein riesiges Poster angebracht, welches ein wunderschönes fruchtbares Tal zeigte, das aussah wie eine elegant genähte Steppdecke von Feldern. Auf jedem Quadrat wuchs eine andere Pflanzenart in einer anderen Farbe, als wäre es von künstlerischer Hand angeordnet wurden. Im gesamten Hintergrund sah man eine riesige Bergkette, die das Tal wie eine schützende Mauer umgab. Auf der Unterseite des Posters stand „Hula" geschrieben. *Das muss ein Ort in Israel sein*, dachte ich. Das Tal schien all meine Fragen zu verdrängen und beruhigte meine Nerven. Wunderschön und einladend!

Als ich jedoch das Büro betrat, wich jegliches Gefühl der Gelassenheit von mir. Das kleine Zimmer hatte gerade mal genug Platz für einen großen, antiken Holzschreibtisch mit ungefähr ebenso alten Stühlen. Ich setzte mich auf einen, sah mich um und hoffte darauf, dass es okay war, einfach unangemeldet hierher zu kommen. An der kleinen Wand des Raumes hingen überall Bilder und Notizen. Manche schienen wichtig und dienstlich zu sein, wohingegen andere wie alte Einkaufslisten aussahen.

Das unordentliche Büro hatte eine entspannende Wirkung auf mich. Wenn Dinge zu formal sind, dann bin ich meistens sehr nervös. Irgendwie wusste ich, dass die Tatsache, keinen Termin gemacht zu haben, egal sein würde. Ich hatte ungefähr zehn Minuten gewartet, als die Tür hinter dem großen Schreibtisch sich plötzlich öffnete. Eine junge Frau, die Arme voller Akten und Ordner, trat ein.

Sie ließ sich auf den Stuhl fallen, die Akten landeten sicher auf dem Schreibtisch, und sie stieß einen langen Seufzer der Erleichterung aus. Und dann bemerkte sie, dass jemand ihr gegenübersaß.

„Hi!", sagte sie, und ich sagte ebenfalls: "Hi!" „Ich hoffe, Sie mussten nicht zu lange warten." Sie schob die Akten auf die Seite. „Seit zwei Wochen habe ich versucht, diese Berichte hier zu bekommen."

Diese werden sicherlich in ein paar Tagen vom Schreibtisch ins Regal wandern, dachte ich, während ich ihr zunickte und lächelte.

„Ich bin Sarah Cohen", stellte sie sich selbst vor, „Sekretärin des *Schaliach*, das ist der israelische Vertreter, der den Leuten der jüdischen Gemeinde hier dabei hilft, nach Israel zu immigrieren. Wir sind eine Brücke zwischen der Diaspora und dem Land Israel." Sarah war herzlich und freundlich. „Es tut mir leid, dass Motti, der *Schaliach*, heute nicht hier ist. Aber vielleicht kann ich Ihnen ja helfen. Haben Sie eine Frage?"

Ich sagte ihr, dass ich gerne Israel besuchen wollte und mich fragte, ob es möglich sei, für sechs Monate dort zu bleiben. „Die israelische Botschaft hat mir eine Liste von Firmennamen gegeben", ich zeigte ihr den Brief. „Können Sie eine von diesen empfehlen?"

Ohne meinen Brief in irgendeiner Weise zu beachten, sagte Sarah: „Falls Sie für sechs Monate gehen wollen, warum arbeiten Sie dann nicht in einem Kibbuz? Ich habe letzten Sommer in einem Kibbuz gearbeitet; Sie erhalten Kost, Logis und ein wenig Taschengeld." Ohne zu verschnaufen, sprach sie weiter: „Wenn Sie für so lange dort sind, wird Ihnen meist auch ein Ulpan [Hebräisch-Sprachkurs] angeboten. Sie lernen dann den halben Tag Hebräisch, und die andere Tageshälfte arbeiten Sie. Ich denke, dass dieses Programm sechs Monate läuft!"

„Spielt es eine Rolle, dass ich nicht jüdisch bin?", fragte ich.

Als Sarah begann, durch die Papiere auf ihrem Schreibtisch zu wühlen, fragte ich mich, ob sie mich überhaupt gehört hatte, bis sie mit einem großen Lächeln eine farbige Broschüre aus einem großen Papierstapel hervorzog.

Sie ignorierte mich weiterhin, las den Prospekt durch und sagte: „Nein, kein Problem. Sie erlauben zehn Prozent Nichtjuden, den Ulpan zu besuchen, also sind Sie dabei. Hier, schauen Sie sich das an!"

Als ich mir die Bilder ansah, sah ich Männer und Frauen, die mit T-Shirts, kurzen Hosen und Sandalen bekleidet waren, sowie noch mehr Fotos der wunderschönen farbenfrohen Felder. Damals erkannte ich noch nicht, wie gut dieses Büro Israel repräsentierte: *Schönheit inmitten von gemanagtem Chaos.*

„Sie können die Broschüre behalten", sagte Sarah lächelnd. „Es ist ein Wunder, dass ich sie überhaupt gefunden habe."

Wenigstens wird sie davon verschont bleiben, verkehrt herum an die Wand gepinnt zu werden. Ich freute mich darüber, sie zu bekommen.

Der Besuch des Gemeindezentrums war ein weiterer großer Schritt für mich. Es schien, als gäbe es eine wachsende Eigendynamik, wie ein Fluss, der mich in eine bestimmte Richtung schob. Auch wenn ich nicht verstand, was geschah, fühlte ich eine tiefe Ruhe in mir. Es war so, als würde jemand zu mir sagen: „Es ist okay. Lass dich einfach treiben."

Aber es gab noch andere Gründe, warum ich Vancouver verlassen wollte. Einige Male hatte ich Geld geliehen und meinen alten Datsun Kombi als Sicherheitspfand benutzt, ohne die Bankmanager von meinen bereits existierenden Darlehen in Kenntnis zu setzen. Inzwischen war den Bankern klar geworden, dass dieses eine Auto nicht in Stücke aufgeteilt werden konnte, wenn ich meinen monatlichen Zahlungen nicht nachkam.

Ich wusste, dass ich in Schwierigkeiten steckte. Darüber hinaus gab es Probleme mit meinem Führerschein. Ich hatte so viele Strafzettel erhalten, dass die Polizei meinen Führerschein einziehen wollte.

Da ich wusste, dass diese Benachrichtigung bald eintreffen würde, musste ich British Columbia verlassen und zurück in Ontario sein, bevor der Brief ankam. Sobald ich dort war, konnte ich meinen alten Führerschein in einen neuen Führerschein eintauschen.

Ich packte all meine wenigen Sachen zusammen und kaufte einen Flug nach Hause. Zuletzt steckte ich meine Autoschlüssel in eine kleine Box, die ich an einen der Bankmanager schickte. Ich denke nicht, dass der beigelegte Entschuldigungsbrief ihn sehr tröstete.

Die Vorstellung, nach Ontario zurückzukehren, löste viele gemischte Gefühle bei mir aus. Auf der einen Seite würde es schön sein, meine Familie und alte Freunde wiederzusehen; aber ich fragte mich: *Was werden sie über mein Vorhaben denken, nach Israel zu gehen und dort in einem Kibbuz zu arbeiten? Was werde ich ihnen sagen, wenn sie nach dem „Warum" fragen?*

Ich wusste, dass die meisten meiner Freunde es nicht verstehen würden, wenn ich ihnen sagte: „Weil ich auf der Suche nach Gott bin und denke, Er hat etwas mit diesen Juden zu tun."

„Gott? Der Holocaust? Der Anfang von Israel als ein Staat?"

All dies würde Fragen aufwerfen – Fragen, die ich nicht beantworten konnte. Wie sollte ich das auch können? Ich hatte ebenfalls keine Antworten darauf, nur Fragen. Meine Familie würde denken, dass ich verrückt sei – und das zu Recht.

Ich entschied mich dafür, mir mein Leben leicht zu machen und ihnen einfach nichts zu sagen.

Mein Plan war, bei meinen Eltern zu leben, einen Job zum Geldverdienen anzunehmen, und dann, wenn ich meine Flugtickets, meinen Reisepass und alle notwendigen ausgefüllten Formulare hätte, erst dann würde ich ihnen mitteilen, wohin ich vorhatte zu fliegen. Und falls meine Eltern ausrasteten, vermutete ich, wäre nur noch wenig Zeit übrig, bis ich wegfahren würde.

Alles schien nach Plan zu laufen: während ich bei meinen Eltern lebte, arbeitete ich in einem riesigen Lager und machte so viele Überstunden wie möglich, um Geld anzusparen.

Sarah Cohen hatte mir den Namen des *Schaliach* in Toronto gegeben, mit dem ich mich heimlich traf. Ich fand Ausreden, um in die Stadt zu gehen, und traf mich mit Shaul alle zwei Wochen im jüdischen Gemeindezentrum von Toronto. Dort interviewten sie mich, gaben mir Formulare zum Ausfüllen, und ich musste mich sogar einer ärztlichen Untersuchung unterziehen. Shaul war ein freundlicher und hilfsbereiter Mann, der alles überprüfte. Er beriet mich, zeigte mir Karten und gab mir viele Informationen und erzählte mir sogar seine eigene persönliche Geschichte.

Nach ein paar Monaten verdeckter Ausflüge nach Toronto war alles, was erledigt werden musste, geschafft: ich hatte alle Papiere zusammen, alle erforderlichen Formulare waren ausgefüllt und an die Zentrale in den USA und an verschiedene Kibbuzim geschickt. Das Einzige, was ich jetzt tun musste, war, darauf zu warten, bis Shaul mich darüber informierte, welcher Kibbuz mir eine Zusage gab und wann.

Bis Ende November hatte ich ununterbrochen drei Monate gearbeitet. Um Zeit und Geld zu sparen, war ich auf einem zehngängigen Fahrrad zur Arbeit gefahren, aber jetzt stellte sich der Winter ein, und es wurde sehr kalt, auf dem Fahrrad zu fahren.

Diese ganze Zeit über waren meine Eltern einfach toll gewesen, und es war so, als würden wir anfangen, Freunde zu werden. Wir führten lange Gespräche, etwas das vorher nicht wirklich stattgefunden hatte. Ich genoss diese schönen Monate, die wir gemeinsam verbrachten. Ich bin mir sicher, dass sie fragen wollten, was mit mir los war, aber sie hatten wahrscheinlich Angst, dass sich unsere Beziehung ändern würde, falls sie zu viel Aufmerksamkeit auf die Veränderung selbst lenken würden. Sie waren es nicht gewöhnt, mich so ernst und fokussiert zu sehen. Ich ging nicht oft mit Freunden weg, ich betrank mich nicht und war nie bekifft, nicht einmal an den Wochenenden.

Sie bemerkten, dass ich besserer Laune war, weniger fluchte und mich irgendwie geändert hatte. Meine Eltern behandelten mich wie einen seltenen Schmetterling; sobald man ihm zu nahekam, würde er wegfliegen und nie zurückkehren. Meinen Eltern gefiel der neue Rick, aber sie wahrten Distanz zu ihm, bis sie ihre Neugier nicht länger zurückhalten konnten.

An einem Sonntag hatte ich geplant, eine Abendschicht zu machen, um Überstunden zu sammeln, aber es hatte nicht geklappt. Stattdessen setzten sich meine Eltern mit mir nach dem Abendessen ins Wohnzimmer, wo wir uns in bequeme Sessel fallen ließen. Da niemand von uns wegging oder etwas Bestimmtes zu tun hatte, fingen wir an, im Allgemeinen über die Lokalpolitik, einen möglichen Streik bei General Motors sowie das Wetter zu reden. Wir fragten uns, ob der Winter dieses Jahr früh kommen würde.

„Ich wundere mich, dass du weiterhin in diesen eisigen Tagen mit deinem Fahrrad fährst", sagte mein Vater zu mir. „Du solltest Dir besser für diesen Winter ein Auto zulegen."

Für einen Außenstehenden mag dies ein normales kanadisches Gespräch über das Wetter gewesen sein, aber ich wusste, dass es mehr als das war. Meine Eltern versuchten, mit mir auf eine persönlichere Gesprächsebene zu gelangen. Es war an der Zeit, mein Geheimnis zu offenbaren: „Ich werde kein Auto brauchen, Papa, denn wenn der Winter kommt, werde ich nicht mehr hier sein."

Indem ich so weit gegangen war, gab ich meinem Vater eine Vorlage, die er sofort ergriff. „Deine Mutter und ich wussten, dass du irgendwelche Reisepläne hast. Wohin soll es gehen?"

Jetzt hatte er mich, denn ich musste ihm eine direkte und aufschlussreiche Antwort geben. Sofort fühlte sich der gemütliche Sessel weniger komfortabel an, bis ich verstand, dass diese Frage keine Falle war. Es war viel mehr ein „Wissen-Wollen" von Freunden, von zwei Vertrauten, denen man private Informationen anvertrauen konnte. Mir war nur nicht klar, wie ich diese Informationen rüberbringen konnte. Ich wusste, dass, obwohl mich meine Eltern nicht verstanden, sie mir einfach zuhören würden, ohne mich anzugreifen. Ich atmete tief ein, und es platzte einfach aus mir heraus: „Ich werde nach Israel gehen, um in einem Kibbuz zu arbeiten!" Von meiner Direktheit war ich selber überrascht.

"Ein ‚K' was?" rief mein Vater.

Eine drückende Stille legte sich auf das Wohnzimmer, und es schien, als würden alle ihren Atem anhalten. Mein Vater brach das Schweigen mit der erstaunlichen Bemerkung: „Wow! Du wirst wirklich sehr viel von so einer Reise lernen."

Oberflächlich betrachtet schien dies einfach nur eine Antwort zu sein, später sollte ich jedoch herausfinden, wie tief prophetisch diese Antwort war. Jetzt wollten sie natürlich alles wissen, also erzählte ich ihnen über den israelischen *Schaliach* und den Bewerbungsprozess in Toronto. Ich gab meinen Eltern den ungefähren Zeitraum meiner Abreise an, sagte aber nicht viel mehr, da sie bereits genug erschütternde Neuigkeiten für einen Tag erhalten hatten. Wie sollte ich meine anderen Gefühle bezüglich Gott, dem Holocaust und meinem Interesse für den Anfang der Geschichte Israels erklären?

Nein, entschied ich mich. *Sie haben genug für jetzt. Wir können uns mit jeder einzelnen Frage befassen, wenn diese aufkommen sollte.*

7. KAPITEL

Abschied

In derselben Woche informierte mich Shaul darüber, dass ein Kibbuz mir zugesagt hatte. Ich sollte den Ulpan (Sprachkurs) Mitte Januar beginnen. Das war in nur noch eineinhalb Monaten!

Das Tempo der Reise in Richtung Israel kam mir bisher wie ein angenehmer Spaziergang vor, aber jetzt hatte ich bereits das Gefühl, dass ich rennen würde. *Weiß ich wirklich, was ich tue?* Das war die immer wiederkehrende Frage.

All die seltsamen Dinge, die ich dieses Jahr getan hatte, waren in meinem Land geschehen, aber meine nächsten Schritte würde ich in einem Land machen, über das ich nur gelesen und von anderen, die dort gewesen waren, gehört hatte.

Ich war gleichzeitig verängstigt und aufgeregt, aber ich musste einen kühlen Kopf bewahren und meine Gefühle verbergen. Inzwischen waren die Neuigkeiten von meinen Reiseplänen in der Familie und unter meinen Freunden Gesprächsthema. Während ich mich überall verabschiedete, erfuhr ich allmählich mehr über die gemischten Gefühle, Standpunkte und Gedanken bezüglich meines Plans.

„Ich kann einfach nicht verstehen, warum du dein Leben in Gefahr bringen willst!", war die häufigste Reaktion. „Es gibt viel sicherere Orte, zu denen du fliegen kannst. Warum ausgerechnet Israel?"

„Falls du nach einer guten Sache suchst, für die es sich lohnt zu kämpfen, warum hilfst du dann nicht den Indianern in den Reservaten in Nord-Ontario?"

„Warum die Juden? Deinen Rückflug wirst du in einem Leichensack antreten."

Glücklicherweise ermutigten mich meine Eltern, die anscheinend verstanden, warum ich gehen musste, in ihrer eigenen sanften Art, und als meine besorgte Schwester und mein Schwager erkannten, dass ich meine Meinung nicht ändern würde, entschieden sie sich dafür, einfach „abzuwarten".

Im Laufe der Zeit waren aus Shaul, dem Schaliach, und mir Freunde geworden. Als er erfuhr, dass ich kein Jude bin, reagierte er wie folgt: „Israel ist auch für dich da, du bist dort willkommen."

Ich mochte ihn wegen seiner direkten Art und weil er immer über das Wesentliche sprach.

Viele westlich geprägte Menschen würden diese Art als unhöflich empfinden, aber ich mochte seine kantige Art. Man musste sich nie fragen, was er wirklich meinen könnte, denn er war geradezu und ehrlich. Ich fuhr das letzte Mal zum Gemeindezentrum, um Shaul Auf Wiedersehen zu sagen und ihm für all seine Hilfe zu danken. Wir schüttelten uns die Hände, und als ich mich gerade umdrehte und ging, sagte er: „Rick, ich weiß, dass dich der Holocaust interessiert. Es gibt einen Film aus dieser Zeit, der auf einer wahren Geschichte basiert. Er läuft gerade im Kino in Danforth in der Innenstadt."

Dieses Viertel in Toronto lag ungefähr zehn U-Bahn-Stationen vom Gemeindezentrum entfernt, aber ich hatte geplant, nach Hause zu gehen, ein bisschen Fernsehen zu gucken und früh ins Bett zu gehen, um frisch für die Arbeit zu sein. Dies war seit den letzten drei Monaten meine Routine gewesen, und ich hatte noch einen Monat bis zu meiner Abreise. *Was ist mit diesem Film, den Shaul erwähnt hat? Ich werde nicht alleine in einen Film gehen*, dachte ich.

Aber heute war ein besonderer Tag gewesen. Ich hatte alle notwendigen Papiere, den Kontaktnamen des Kibbuz', sogar eine Wegbeschreibung mit der Nummer des Busses, den ich vom Flughafen in Israel aus nehmen sollte. Ich war dem Kibbuz *Ramat Hakovesh* zugewiesen worden. Die Bedeutung von *Ramat Hakovesh* ist „Hügel des Eroberers". Ich fühlte mich, als hätte ich selbst etwas erobert, wusste aber nicht genau, was. An der U-Bahn-Station Danforth sprang ich heraus und entschied mich, diesen besonderen Tag zu feiern, indem ich mal etwas anderes tat: ich würde mir schnell einen Hamburger kaufen und mir dann den Film anschauen – allein.

Ich ging die Straße entlang und bemerkte ein großes beleuchtetes Schild, auf dem geschrieben stand: „Das Pape Street Kino zeigt *The Hiding Place* (Die Zuflucht)." Da dies das einzige Kino in Danforth war, dachte ich, dass dies der richtige Platz sein musste.

Shaul war der Filmtitel nicht bekannt gewesen, nur dass es in dem Film um den Holocaust ging. Am Eingang des Kinos hing ein Poster, das für den Film warb und auf dem deutsche Soldaten zu sehen waren, die Menschen in einen LKW stießen. Im Hintergrund zeichnete sich ein großes Hakenkreuz ab. Während der halben Stunde bis zur nächsten

Vorführung aß ich meinen Hamburger und meine Pommes, und die ganze Zeit ging mir dieses Poster durch den Kopf.

Seit meiner *Exodus*-Lektüre hatte ich weitere Bücher über den Holocaust gelesen, wie *QB7* und *Mila 18*, die auch von Leon Uris stammten. Für einen passionierten Nicht-Leser wie mich eröffneten die Bücher von Leon Uris eine ganz neue Welt. Sie halfen mir dabei zu verstehen, dass der Holocaust eine schreckliche „Tür" für die Juden war. Dass sie sie durchschreiten mussten, führte zur Geburt des Staates Israel. Irgendwie hatte dieser Gott, wer auch immer Er war oder ist, dies möglich gemacht. Irgendwie hatte Er damit zu tun.

Ich fragte mich, ob dieser Film mir etwas anderes über diese schreckliche Tür zeigen würde, kaufte mein Ticket und schlüpfte in den Kinosaal, kurz bevor der Film begann. Ich fühlte mich immer noch ein wenig seltsam, so ganz allein dort zu sein, aber dieses Gefühl ging schnell vorbei.

Die Geschichte *„Die Zuflucht"* spielte in dem von den Nazis besetzten Holland während des Zweiten Weltkriegs und handelte in erster Linie von einem betagten Vater und seinen beiden unverheirateten Töchtern, die im mittleren Lebensalter waren. Diese frommen Christen sahen ihren Glauben verwoben mit den Juden und deren Kampf während des zweiten Weltkrieges. Vater ten Boom, Corrie und Betsie verstanden, dass, indem sie zu den Juden hielten, sie ihr eigenes Leben und alles, was sie besaßen, gefährdeten.

Trotz der involvierten Risiken schufen sie ein Versteck für Juden in ihrem Hause – und dies nicht aufgrund überlegener religiöser Arroganz, sondern weil es für sie ein echtes Privileg war. Trotz der Unterschiede glaubten sie, dass Juden und Christen zueinander gehörten. Später erfuhr ich, dass viele Juden in Situationen gerieten, in denen es um Leben und Tod ging, aber dass es nur sehr wenige Christen gab, die sich verantwortlich fühlten und ihnen halfen. Diese drei Menschen, die Juden versteckt hatten, wurden verraten und von der Gestapo verhaftet. Bei der Verhaftung von Familie ten Boom wurden glücklicherweise die versteckten Juden nicht gefunden, sodass sie später fliehen konnten. Vater ten Boom starb im Gefängnis, und die beiden Schwestern wurden in ein Konzentrationslager geschickt, wo sie die gleiche Hölle durchlitten, die für die Juden geschaffen worden war.

Betsie überlebte diese Tortur nicht; durch ein Wunder wurde Corrie freigelassen. Diese drei Menschen hatten ihren Glauben praktiziert, indem sie ihr Leben für das von Juden gegeben hatten; nicht durch fromme Worte, sondern durch Taten. Verglichen mit der schlafenden christlichen Mehrheit um sie herum, schien es, als hätten die ten Booms beinahe allein so gehandelt.

Ich werde niemals eine bestimmte Szene in diesem Film vergessen. Ein Pastor versucht die Familie zu warnen und sie davon zu überzeugen, den Juden nicht weiter zu helfen. Vater ten Boom wendet ein: „Die Juden sind das auserwählte Volk, der Augapfel Gottes!"

„Sie sind diejenigen, die Christus getötet haben!", ruft der Pastor.

In diesem Moment tritt eine der beiden Schwestern ins Zimmer, auf dem Arm trägt sie ein jüdisches Baby, eingewickelt in ein Tuch. Sie bemerkt den Pastor und ruft: „Oh Pastor! Sie sind die Antwort auf unsere Gebete! Sie leben auf dem Land. Dieses Baby wird bei ihnen in Sicherheit sein!"

Der Pastor lehnt es ab, dem Baby zu helfen, mit der Ausrede, dass das Kind sein Leben und das seiner Familie in Gefahr bringen würde. „Außerdem sollten sich Christen an das Gesetz halten", sagt er und verlässt in Eile das Haus.

„Wie kann dieser Mann sich selbst als Christ bezeichnen?", ruft Corrie wütend.

„Wenn eine Maus in einer Keksdose sitzt, macht sie das noch lange nicht zu einem Keks", antwortet der Vater.

Nachdem ich den Film gesehen hatte, dachte ich: *Irgendwie werden wir durch unsere Taten und nicht durch unsere religiösen Titel definiert.* Obwohl mich meine Eltern mit zur Kirche genommen hatten, als ich jung war, wusste ich nicht sehr viel über das Christentum, geschweige denn über die Konfession, der wir angehörten.

Gottesdienstbesuche waren ein Test des Durchhaltevermögens, den ich meistens nicht bestand. Sogar als Kind konnte ich die starke Langeweile auf den Gesichtern der Erwachsenen erkennen und wusste, dass auch sie versuchten, sich zu „benehmen". Innerhalb des Christentums schien es den Wunsch zu geben, in religiösem Sinne gut zu sein, nicht aufgrund einer Beziehung.

Die einzige geforderte Tat in dieser Religion, die ich sah, war der Besuch eines Gottesdienstes an einem bestimmten Tag, nicht eine Tat, die einen das eigene Leben kosten könnte.

Der Film erwähnte den „Augapfel Gottes" und das „erwählte Volk" sowie die „Christusmörder". Als ich begann, den Holocaust immer besser zu verstehen, lernte ich, dass die europäische Welt sich vor allem auf die dritte Definition für die Juden fokussiert hatte: „Christusmörder".

Auf dem Weg nach Hause gingen mir all diese Gedanken durch meinen müden Kopf. Die Juden, der Holocaust und Israel – alles hatte so viele Aspekte, und jedes zusätzliche Gebiet, das sich mir eröffnete, schien noch mehr Fragen aufzuwerfen. Die einzige Frage, mit der ich mich nach diesem sehr langen Tag letztendlich noch auseinandersetzen konnte, war: *Wann werde ich mich endlich ins Bett legen können?*

8. KAPITEL

Das letzte Weihnachten zu Hause

Während meines letzten Monats auf Arbeit schien es, als würden diejenigen, die wussten, dass ich nach Israel fahren würde, immer ängstlicher werden. Da es Weihnachtszeit war, kam ich mit vielen meiner Freunde und Familienmitglieder zusammen und bemerkte, dass sie mich länger ansahen als sonst. *Sie denken sicherlich, dass dies das letzte Mal ist, dass sie mich lebend sehen,* dachte ich. *Offenbar versuchen sie sich mein Gesicht ganz genau einzuprägen.* Viele hofften sicherlich auch darauf, dass ich meine Meinung in der letzten Minute noch ändern und den „Indianern helfen" würde, anstatt diese verrückte Sache mit Israel zu machen.

Mein Flug war gebucht für den 7. Januar 1977. Allein in meinem Zimmer, checkte ich immer wieder mein Flugticket und meinen Reisepass – auch, um sie einfach nur anzusehen. Am Dienstagnachmittag würde ich mit British Airways nach London fliegen und dann am Mittwochmorgen, nach einem dreistündigen Aufenthalt, den Flug nach Tel Aviv nehmen.
Weihnachten zu feiern, war für mich eine gute Ablenkung. Ich liebte dieses Fest, an dem wir uns Geschichten erzählten, Geschenke kauften und über alles und jeden redeten.

Sobald die Neujahrsfeiern hinter uns lagen und sich alle vom Zu-vielen-Alkohol-Trinken erholt hatten, schienen die Tage wie im Flug zu vergehen. Das bevorstehende Abreisedatum ließ mich manchmal unruhig werden, aber im Allgemeinen war ich entspannt und erlebte einen tiefen Frieden.

Die Stimmung in meiner Familie und bei meinen Freunden wurde jedoch immer düsterer. „Wir werden mit dir zum Flughafen kommen, um uns von dir zu verabschieden!", sagten mir einige Freunde und Familienmitglieder. Innerlich war ich davon genervt, weil ich mich lieber nur von meinen Eltern und meiner Schwester am Flughafen verabschieden wollte.

Dies würde mein erster internationaler Flug sein, und ich musste mich darauf konzentrieren, was ich am Flughafen zu tun hätte.

Ich mochte ohnehin keine Menschenmengen, geschweige denn im Mittelpunkt der Aufmerksamkeit zu stehen, insbesondere in einer Gruppe, die so tat, als wollte ich meine eigene Beerdigung veranstalten. Das wäre der schwierige Teil, im Gegensatz dazu würde der Flug nach Israel kinderleicht.

Eines meiner Weihnachtsgeschenke war ein neuer Rucksack, deswegen vergewisserte ich mich am Abend vor meiner Abreise, ob ich in jede Tasche das gepackt hatte, von dem ich dachte, dass ich es im kommenden Jahr brauchen könnte. In meinem Handgepäck waren einige Dinge, die ich für den langen Flug benötigte, wie das gebundene Skizzenbuch, das meine Tante mir als Geschenk gegeben hatte. Ich konnte schon immer gut zeichnen, und meine liebe Tante war meine größte Bewunderin.

Ich werde meine Freude an diesem Skizzenbuch haben, dachte ich. *Sicherlich wird es viele ahnungslose Modelle auf dieser Reise geben.*

In dieser Nacht schlief ich nicht gut. Meine Eltern hatten sich beide den Tag frei genommen, deswegen hatten wir am nächsten Morgen sehr viel Zeit zusammen. Meine Mama bereitete mir ein riesiges Frühstück und ein aufwendiges Mittagessen zu. Aus diesem Grund war ich zu dem Zeitpunkt, als wir ins Auto stiegen, so voll und satt, dass ich während des Fluges nichts zu essen brauchen würde. Sie hatte damit sicherlich beabsichtigt, dass ich an mein Zuhause noch ein wenig länger denken sollte.

9. KAPITEL

Flughafen-Drama

Je näher wir dem Flughafen kamen, umso gedrückter wurde die Stimmung im Auto. Zuerst versuchten wir einfach zu plaudern, wurden aber alle still, bis wir den Flughafen erreichten. Ich war erleichtert, als ich aus dem Auto stieg.

Die kleine Menge, die am Abflug wartete, schien froh, mich zu sehen. Ich wünschte, ich hätte dasselbe darüber sagen können, sie dort zu sehen. Ich fühlte, wie ihre Augen beim Check-in auf mir lagen und wie alle Augen nach unten folgten, als ich meinen Reisepass fallen ließ. Eingekeilt suchte ich unsicher nach dem richtigen Gate, während ich gleichzeitig wohlmeinenden Leuten, die mir einen letzten Ratschlag oder eine Warnung gaben, zunickte.
Sobald ich durch die große Glastür zur Passkontrolle und zu den Gates gegangen war, hatte ich den Punkt erreicht, an dem es kein Zurück mehr gab. Ich sehnte mich danach, allein zu sein, dort zu sein, wo mich niemand beachtete. Zusammen mit meinen Mitreisenden wollte ich an diesem Ort der friedlichen Selbstabsorption sein.
Fast geschafft! Ich stand an der Glastür, drehte mich um und sah meine Freunde und meine Familie in einem Halbkreis dastehen. Jetzt kam die letzte Hürde, die schwerste, bei der jeder mit mulmigem Gefühl auf das letzte Händeschütteln, die letzten Worte, einen letzten Witz und das letzte Schulterklopfen wartete.

Schließlich stand ich vor der letzten Person – meiner Mutter. Ich werde niemals vergessen, wie sie mich ansah. Ohne ein Wort von sich zu geben, kommunizierte meine Mutter mir alles, was sie mir sagen wollte, mit ihren Augen. Sie hielt mein Gesicht in ihren Händen und umarmte mich dann so fest, dass es beinahe wehtat. Wir versuchten beide sehr tapfer zu sein. Aus ihrer Tasche zog sie ein kleines Buch und drückte es mir in die Hand.
Ohne es anzusehen, steckte ich es in mein Handgepäck. Eine weitere Umarmung. Ein letztes Mal sahen wir uns beide tief in die Augen und nickten uns wortlos zu.

Dies war eines der tiefsten Gespräche ohne Worte, die ich je mit meiner Mama gehabt hatte.

„Tschüss ihr alle!" Ich winkte. "Ich verspreche zu schreiben!" Schnell ging ich auf die Tür zu und fühlte noch immer ihre Augen auf mir ruhen, aber auch ein Gefühl der Erleichterung. Ich winkte noch ein paarmal und war außer Sichtweite.

Allein. Endlich.

Ja, eine echte Erleichterung war es, nach der Qual des Abschiednehmens in einem der Sessel zu entspannen. Jetzt konnte ich es mir erlauben, mich über die unbekannte Reise, die vor mir lag, zu freuen. Während ich darauf wartete, ins Flugzeug zu steigen, hatte ich nicht genügend Zeit zu skizzieren; aber während ich in meiner Tasche nach etwas zu essen suchte, berührte ich das kleine Buch, das mir meine Mama gegeben hatte. Ich erinnerte mich an ihren Gesichtsausdruck, als sie es mir gab, und verweilte ein paar Sekunden, bevor ich es herausnahm.

Ein Neues Testament?, dachte ich. *Worum geht es da?* Ich lachte beinahe, als ich darüber nachdachte, was meine Mama mir versucht hatte zu sagen, indem sie mir dieses Buch gab: „Du bist im Begriff, deinen Schöpfer zu treffen. Wir denken, dass Er etwas mit diesem Buch zu tun hat, deswegen siehst du es dir besser an."

Jeder macht sich zu viele Sorgen, dachte ich. *Wenn mich irgendjemand dabei sieht, wie ich dieses Buch lese, wird er denken, dass ich ein religiöser Spinner bin.*

Es war an der Zeit, ins Flugzeug zu steigen. *Wie werde ich diesen neunstündigen Flug nach London überstehen?*, fragte ich mich und begann mit dem Auspacken der Snacks aus meiner Tasche. Wieder berührte meine Hand das Neue Testament. Ich nahm es heraus. Vorsichtig drehte ich es in meiner Hand und bemerkte, dass das kleine Buch benutzt aussah und seine Ecken beschädigt waren. Da niemand neben mir saß, hatte ich den Mut, durch das Buch zu blättern. *Ich werde es einfach durchsehen*, sagte ich zu mir selbst und war tatsächlich neugierig. Als ich begann, kleine Abschnitte über Jesus und Dinge, die er gesagt und getan hatte, zu lesen, fühlte ich mich auf seltsame Weise zu Ihm hingezogen. Die Erfahrung glich jener, als ich das erste Mal *Exodus* gelesen hatte, aber dieses Mal ging es nicht um ein Land oder ein Volk, sondern um einen Mann.

Ich fühlte mich zu dieser Person, Seinen Worten, Seinen Taten hingezogen und war verblüfft von der Art und Weise, wie Seine Freunde Seinen Charakter aufgezeichnet hatten. Obwohl Er Autorität besaß, war er gleichzeitig sehr sanft, und die Tatsache, dass Er immer für die anderen da war, überraschte mich. Ich sehnte mich danach, mehr über Ihn zu erfahren, ich war richtig glücklich, die Stunden im Flugzeug zum Lesen zu haben. Meine erste Reaktion war: *Das ist nicht real, ich lese einfach nur eine Geschichte!* Ich nahm jedoch wahr, dass die Worte, die Er damals gesprochen hatte, auch für die Gegenwart galten – direkt auf unser „Jetzt" bezogen.

Als Junge hatte ich in der Kirche einiges über Jesus gelernt, aber was ich jetzt las, war mir völlig neu. Wieder wurde ich mit einem Mysterium konfrontiert, das Fragen in mir aufwarf, denen ich nachgehen musste. Ich war bereits auf viele neue Persönlichkeiten und Mysterien getroffen: Israel, den Holocaust, Juden und jetzt dieser Jesus – all das schien miteinander verbunden zu sein. Irgendwie wusste ich, dass dies alles auf mich in Israel warten würde.

Wenn ich auf die letzten dreißig Jahre zurückblicke, ist es, als ob ich auf einen weiten Horizont blicke und nach Markierungen suche, die erklären können, wie ich den Punkt erreicht habe, an dem ich mich jetzt befinde. Auf dieser Reise stehen zwei Signale klar und deutlich: das Buch *Exodus* und die Bibel. Beide alt und beinahe in Vergessenheit geraten, kamen sie doch an einem entscheidenden Wendepunkt in mein Leben.

Die „Persönlichkeit" des Holocaust, die aus dem Buch *Exodus* hervorging, überschnitt sich mit der Persönlichkeit Jesu, die aus den Seiten des Neuen Testaments sichtbar wurde.

Ich war auf dem Weg in das einzige Land der Welt, das so markant die Erinnerung an diese beiden Figuren in der Geschichte beherbergte. Ich war jedoch noch nicht bereit für den Konflikt, der zwischen den beiden bestand.

Nach so vielen Jahren erstaunt es mich immer noch, wie Gott die Umstände in solch einer wunderbaren Weise miteinander verwoben hat.

10. KAPITEL

Willkommen in Israel!

Während meines dreistündigen Zwischenstops in London nahm ich mein Skizzenbuch heraus und begann nach nichtsahnenden Modellen Ausschau zu halten. Alles war neu für mich, und ich bemerkte, dass der Flughafen voller Leute war, die von einem Ort zum nächsten hetzten. Unter den Reisenden, die sich die Zeit vertreiben mussten, gab es viele mögliche Modelle. Ich zeichnete Leute in lustigen Positionen, insbesondere wenn sie in den unbequemen Plastikstühlen eingeschlafen waren. Damit wurden sie zu Hauptdarstellern in ein paar ziemlich interessanten Skizzen, die ich anfertigte.

Während des vierstündigen Flugs von London nach Tel Aviv saß neben mir ein junger Mann mit langem Haar und einem Bart. Abgesehen von der Tatsache, dass er aus einem anderen Land kam und mit Cockney-Akzent sprach, hätten wir Zwillingsbrüder sein können. Er sprach beinahe den gesamten Flug über. Ich schaffte es, mit einem Wort oder einem Kopfnicken zum richtigen Zeitpunkt zu reagieren, hatte es aber schwer, ihn zu verstehen. Jemand scherzte einmal, dass die Briten und die Nordamerikaner zwei Volksgruppen seien, die durch die gleiche Sprache voneinander getrennt wurden.

Aus dem Fenster konnte ich bereits die Küste von Israel sehen, und dann flogen wir über die größte Stadt des Landes: Tel Aviv. Während ich mit innerer Bewegung auf das sich vor mir entfaltende Panorama schaute, stellte sich mir gleichzeitig die drängende Frage: *Wie werde ich zum Kibbuz kommen?*

„Wie gelange ich nach Ramat Hakovesh?", fragte ich die junge Frau am Informationsschalter. „Wie viel wird es mich kosten, dorthin mit dem Taxi zu fahren?"

Ich war hundemüde und entschied mich dafür, mir eine besondere Freude zu machen, indem ich mir ein Taxi gönnte.

Da ich selber ein Taxifahrer gewesen war, wusste ich, dass es wichtig ist, die lokalen Preise zu kennen, damit sie mich, den von der Reise müden Touristen, der neu in diesem Land ist, nicht übers Ohr hauen konnten.

Ben Gurion Flughafen - Tel Aviv

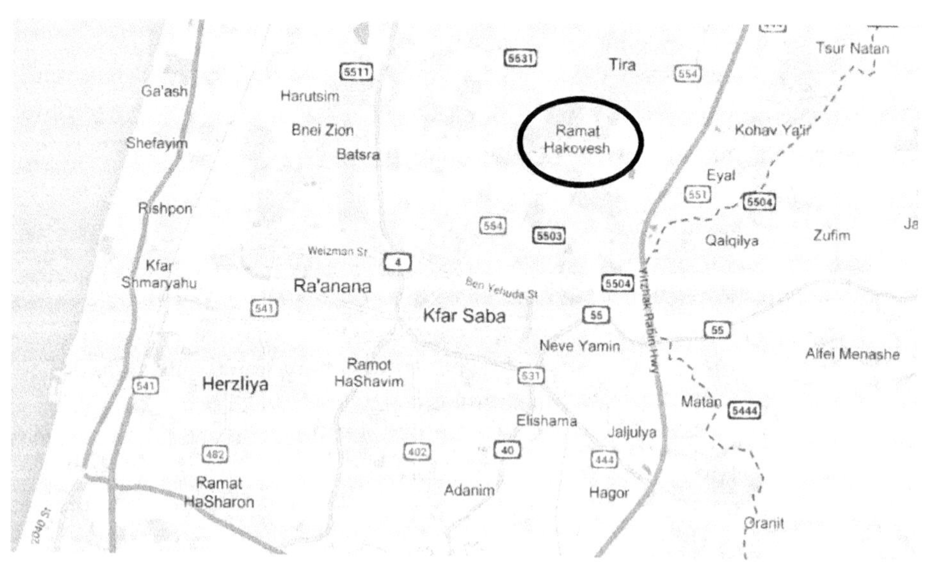

Nachdem ich den Preis für die Fahrt mit einem der schreienden Fahrer, die draußen vor dem Flughafen warteten, ausgehandelt hatte, fuhren wir los. Bei der einstündigen Fahrt nach Ramat Hakovesh war ich erfreut zu sehen, dass die Straßen geteert waren und alles moderner war, als ich erwartet hatte.

Während wir durch kleine Städte fuhren, versuchte ich, etwas Bekanntes unter all dem Neuen zu entdecken. Das Einzige, was mir auffiel: die Hausdächer waren flach, und auf jedem stand ein viereckiger Glasreflektor neben einem großen runden metallenen Tank. Bald erfuhr ich, dass es sich dabei um Solar-Wassererhitzer handelte. Die meisten Gebäude waren entweder aus Stein oder gegossenen Betonblöcken gebaut; nur wenige hatten rote spitze Dächer, die mit Dachziegeln gedeckt waren. Dann kam die Zitrusfrucht-Plantage, voller bunter Früchte und durch hohe, staubige Zedernbäume begrenzt, die wie Wächter aussahen.
"Kfar Saba" zeigte das Straßenzeichen auf Hebräisch und in Englisch an. Ich wusste, dass dies die letzte Stadt war, durch die wir fahren würden, bevor wir Ramat Hakovesh erreichten. Wir kamen an weitläufigen Obstplantagen neben gepflügten Feldern vorbei, die sich an beiden Seiten der Straße bis zum Horizont ausdehnten.
Als wir durch das elektrische Tor fuhren, sah ich lange schmale einstöckige Gebäude mit schönen grünen Rasenflächen und Bäumen dazwischen.
„Schalom und viel Glück!", sagte der Fahrer, nachdem ich ihn bezahlt hatte, und fuhr weg. Für einen Moment stand ich dort allein.
Auf dem Weg zu einem der Gebäude erschien plötzlich eine Frau. Mit einem starken israelischen Akzent sagte sie: „Du siehst neu hier aus."
„Ja, das bin ich."
„Schalom! Ich bin Beila, die Volontärkoordinatorin", stellte sie sich vor.

Sie lud mich in ihr provisorisches Büro ein, das in einem der Gebäude lag, und fragte mich nach meinem Namen und Reisepass. „Setz dich." Dann reichte sie mir, ohne zu fragen, eine Tasse Kaffee und gab mir damit das Gefühl, willkommen zu sein. Beila brachte mich zu dem Zimmer, das ich mit zwei anderen Volontären teilen würde. Paul war ein 25-jähriger ruhiger und launischer Jude aus New York und Kettenraucher. Ian dagegen ein freundlicher jüdischer Südafrikaner, gutaussehend und ein echter Schlager bei den Damen.

Das Zimmer hatte die genaue Länge von zwei Einzelbetten, die hintereinandergestellt wurden. Neben Pauls Bett befand sich ein Sperrholztisch von der Größe eines Quadratmeters, und unser gemeinsamer Kleiderschrank stand an der anderen Seite von Ians Bett, das wie ein Katastrophenort aussah. Ich fragte mich, wie er zwischen all diesen schmutzigen Kleidungshaufen, die neben dem Bett lagen, überhaupt genügend Platz zum Schlafen fand.

Pauls Ecke war immer sauber und ordentlich, fast beängstigend, während meine Ecke irgendwo dazwischen war. Da mein Bett seinen Platz neben der Tür hatte, konnte ich mich kaum ausbreiten, sonst hätten meine Sachen die Tür blockiert.

Innerhalb weniger Tage hatte ich mich an die neue Umgebung gewöhnt, noch bevor der Ulpan begann, der sechs Monate dauern sollte. Es gab ungefähr dreißig Schüler in der Anfängerklasse, der Kitah Alef, und zwanzig weitere fortgeschrittene Schüler in der Kitah Bet. Meine erste Woche war mit fremden neuen Wörtern ausgefüllt. Beim Lernen des Alphabets fühlte ich mich wie ein Kind. Aber es war der einzige Weg, eine neue Sprache zu erlernen.

Meine Mitschüler stammten aus circa zehn verschiedenen Ländern. Einige wurden von ihren Familien gezwungen, in einem Kibbuz zu volontieren, andere kamen aufgrund der Gemeinschaft des Kibbuz´, und ein paar andere suchten nach einem Abenteuer, bevor der Ernst des Lebens begann. Alle hatten eins gemeinsam: Israel als mögliche Zukunft zu erwägen. Es gab in meiner Klasse einen weiteren Nichtjuden, ein Typ aus Japan, der der dortigen Universität „entflohen" war, um durch den Nahen Osten zu reisen.

Die Atmosphäre in der Klasse war immer von den kulturellen Unterschieden und von den fließenden und schwankenden Wünschen, die Sprache zu lernen oder eben nicht, erfüllt. Die Interaktion faszinierte mich. Obwohl ich gleichzeitig auf der Suche nach Gott war, genoss ich die Chance, unter all diesen verschiedenen Persönlichkeiten zu sein.

Kibbuz Ramat haKovesh

11. KAPITEL

Verlorengegangen und wiedergefunden in Haifa

Am Ende der ersten Woche im Ulpan freute sich jeder auf den ersten Shabbat (Samstag) in Israel. Der Unterricht endete zeitig am Freitag, damit wir irgendwohin fahren konnten, bevor der Verkehr eingestellt würde. Am Shabbat-Abend, wenn die Busse wieder verkehrten, mussten wir zurück in den Kibbuz fahren, damit wir am Sonntag (der Beginn einer neuen Woche in Israel) wieder im Kibbuz arbeiten und lernen konnten.

Um uns zu ermutigen, unser Hebräisch zu üben, fragte der Lehrer jeden der Schüler, was er für seinen freien Tag geplant habe. Glücklicherweise waren ein paar Mitschüler vor mir dran, daher hatte ich Zeit, meine erste öffentliche Äußerung in Hebräisch zu üben. Ich war nervös und fühlte mich bereits verlegen. *Ani nosa'ah la Yerushalayim* wiederholte ich immer wieder in meinem Kopf (Ich fahre nach Jerusalem). Als ich an der Reihe war, waren bereits verschiedene Städte und Orte als Reiseziele genannt worden. Mit rotem Gesicht und schwitzend gelang es mir, die richtigen Worte zu sagen, anschließend lehnte ich mich zurück und hörte den nervösen Versuchen der anderen zu.

Die Letzte war ein Mädchen aus New York, die sagte: "Ani nosa'at la Haifa" (Ich fahre nach Haifa). Und dann, ohne irgendeinen Grund rief sie: „Rick! Ein paar von uns fahren mit einem Kleinbus nach Haifa. Willst du mitkommen? Es gibt noch einen Platz.“
Es war eine merkwürdige Bitte, vor allem nachdem ich gerade der Klasse gesagt hatte, dass ich nach Jerusalem fahren würde. Aber dieses Mädchen, das ich nicht sehr gut kannte, bot mir jetzt eine Mitfahrgelegenheit nach Haifa an.
Vielleicht will Er, dass ich nach Haifa fahre, dachte ich. *Ich würde die Stadt ja sowieso irgendwann besuchen, also warum nicht jetzt?*
„Na klar fahr ich mit!“, rief ich zurück.

Haifa ist eine Hafenstadt am Mittelmeer, die zum Teil auf dem Karmelgebirge gebaut ist, das sich kurz hinter der Küste emporhebt und die

Stadt in zwei Teile trennt, den unteren „Hadar" und den oberen „Carmel".

Wir erreichten die Stadt am frühen Freitagabend, aber zu der Zeit war es bereits dunkel und regnete leicht. *Gut, dass ich meine Winterjacke trage*, dachte ich. Die armeegrüne Jacke besaß eine große Kapuze und mindestens zehn große Taschen; in einigen steckten Brot und Gemüse aus dem Kibbuz.

Der Januar ist in Israel oft kalt und nass – „kalt" ist ein relativer Begriff für einen Kanadier, für einen Israeli bedeutet kalt zwischen 5 bis 10 Grad Celsius.

Der Fahrer hielt mit dem Kleinbus vor dem Zentralbusbahnhof an, und ich stieg aus, da ich dachte, dass die anderen mir folgen würden. Zu meiner Überraschung schloss sich die Tür, und der Kleinbus fuhr einfach davon! Ich sah mich um, und alles war nass und dunkel. Nur die Stadtlichter leuchteten in der Ferne. Es gab kaum Verkehr, und ich fühlte mich völlig allein. *Ich sollte mir lieber einen Stadtplan beschaffen, aber wo?*, dachte ich nervös. Ich ging schnell über die Straße zum Busbahnhof, und an einem Zeitungsstand bekam ich tatsächlich einen Stadtplan, gerade rechtzeitig, bevor dieser schloss.

„Welchen Bus nehme ich in die Stadt?", fragte ich den Besitzer.

„Es ist Shabbat, es gibt keine Busse", sagte er.

„Wissen Sie, ob es in der Nähe eine Jugendherberge gibt?"

„Nein", war alles, was er sagte, bevor er schnell wegging.

Was werde ich jetzt tun?, fragte ich mich. *Wenigstens habe ich eine Karte, und ich kann immer einen Park zum Schlafen finden.*

Ich dachte wie ein Kanadier und stellte mir Parks mit weichen Wiesen und mächtigen Bäumen vor, die einen gegen den Regen schützten. Bald wurde mir klar, dass dies keine Möglichkeit für Haifa im Winter war. Ich stand an einer Kreuzung und überlegte, welche Richtung ich wählen sollte. Dann sagte ich leise: „Ich dachte, Du wolltest, dass ich herkomme. Nun, hier bin ich. Was jetzt? Welchen Weg soll ich nehmen?" Nichts Dramatisches geschah.

Ich werde nach rechts in den oberen Teil der Stadt gehen, dachte ich. *Ich bin ein Tourist. Auf diese Weise kann ich mir die Stadt von oben ansehen.* Ich lief in Richtung des Carmelzentrums und hielt eins der wenigen vorbeifahrenden Taxis an, um den Fahrer zu fragen: „Kennen Sie eine Jugendherberge hier?"

„Ja wir haben eine staatliche Jugendherberge stadtauswärts", antwortete der Mann. „Ich würde Sie gerne hinfahren, aber wegen des Schabbats ist der Preis dreimal so hoch wie der normale Fahrpreis", warnte er mich.
Ich konnte mir diese Fahrt nicht leisten, deshalb trottete ich durch Straßen voller hoher Wohnhäuser. Zu diesem Zeitpunkt waren alle Geschäfte geschlossen.

Endlich erreichte ich den Gipfel der Bergkette. Dort gab es ein paar kleine Terrassengärten, teure Shops und eine Reihe schicker Hotels.
Ich setzte mich auf eine Bank, von der man die landschaftlich reizvolle Bucht von Haifa überblickte. An der fernen Küste funkelten sogar die Ölraffinerien. Obwohl ich den Ausblick genoss, hatte ich immer noch keinen Platz zum Schlafen; es war schon spät. Meine Jacke war nass und schwer vom Regen.
„Ich dachte Du wolltest, dass ich hierherkomme", sagte ich wieder. "Hier bin ich, ich habe keinen Übernachtungsplatz und weiß kaum, wo ich gerade bin."
Es war kein Gebet, sondern eher eine Feststellung. Da ich nicht wusste, was ich anderes tun sollte, entschied ich mich dazu, zurück in die untere Stadt zu gehen.

Auf meinem Weg nach unten stieß ich auf einen Fußgänger, der Englisch sprach, also fragte ich ihn nach einer Jugendherberge.

Er wusste keine in der Nähe, schlug aber vor: „Es gibt ein skandinavisches Matrosenhaus ein Stück weiter die Straße hinunter. Gib dich als Matrose aus, und vielleicht werden sie dir ein Zimmer für die Nacht geben."

In meiner Verzweiflung war ich bereit, alles zu tun. Ich folgte der Wegbeschreibung des Mannes, und zehn Minuten später klingelte ich am Matrosenhaus und erzählte der Frau von meinem Dilemma.

„Nein, es tut mir leid, Sie können hier nicht bleiben", sagte sie mir. Ich war gerade im Begriff zu gehen, da rief sie mich zurück. „Warte! Es gibt da ein amerikanisches Ehepaar, das hier gegenüber auf der anderen Seite der Straße lebt und manchmal Leute für die Nacht aufnimmt."

Obwohl sich dies für mich ein wenig seltsam anhörte, war ich willens, es zu probieren, und klingelte am Eisentor des zweistöckigen Gebäudes.

Niemand antwortete. Plötzlich bemerkte ich einen kleinen Hinweis auf Englisch: „Wenn sich niemand an dieser Tür meldet, dann benutzen Sie bitte die Seitentür."

Nachdem ich an der Seitentür geklingelt hatte, wurde diese von einer Frau im mittleren Alter geöffnet.

„Stimmt es, dass Sie manchmal Leute für die Nacht aufnehmen?", fragte ich mit mulmigem Gefühl.

„Selbstverständlich! Benötigen Sie ein Bett?"

Überrascht von ihrer Freundlichkeit nuschelte ich: "Ja, bitte, wenn dies möglich ist."

„Kommen Sie herein, aber im Moment haben wir ein Treffen."

Ich trat ein, bevor sie es sich anders überlegen konnte.

Was meinte sie mit einem „Treffen"? Ich hatte keine Ahnung, und es war mir auch egal, solange ich nicht mehr draußen in der Kälte, sondern in einem warmen und trockenen Raum sein konnte.

Die Frau nahm meine durchnässte Jacke und gab mir ein Handtuch, damit ich mein Gesicht trocknen konnte, dann brachte sie mich ins Wohnzimmer, das voller Leute war.

Es kam mir komisch vor, diese vielen jungen und älteren Leute dort zu sehen. Jemand nahm eine Gitarre, ein anderer rief die Nummer eines Liedes, das auf dem Liedblatt stand, und alle begannen zu singen.

Zwar fühlte ich mich in meiner Haut nicht recht wohl, hörte aber einfach der friedlichen Melodie zu, während ich die Worte auf dem Blatt las, das ich erhalten hatte. Alle Lieder auf dem Blatt handelten von Jesus; es schien, als würden diese Leute durch die Musik zu Ihm reden. *Vielleicht war Er es, der mich nach Haifa gebracht hat. Vielleicht mussten all diese komischen Dinge geschehen, damit ich heute Abend hier sitze.* Der Gedanke schockierte mich. Obwohl ich in diesem Raum keinen kannte, fühlte ich mich ihnen zugehörig.

Nach dem Singen stellte sich ein Mann als Wilbur vor. „Das ist meine Ehefrau Betty." Er zeigte auf die Frau, die mich hereingebeten hatte.

„Wir danken euch alle für euer Kommen", sagte Wilbur. „Ich möchte kurz aus dem Neuen Testament lehren."

Dies zog mich an, da ich das Neue Testament vom Lesen im Flugzeug bereits ein wenig kannte. Mir wurde bewusst, es konnte kein Zufall sein, dass ich an diesen Ort gekommen war. Der gleiche Gott, den ich versuchte zu finden, begann mich zu finden – erstaunlich! Nachdem Wilbur zu Ende gesprochen hatte, betete er und beendete das Treffen. Ein paar junge Frauen, die dort volontierten, hatten Snacks und Getränke vorbereitet. Die Leute gingen aufeinander zu und redeten miteinander. Das Gespräch war locker, jeder machte einen warmherzigen und freundlichen Eindruck auf mich.

Später an diesem Abend gab mir Betty Bettlaken und eine Decke und zeigte mir, wo ich schlafen konnte. Das Zimmer sah aus wie ein Schlafsaal oder ein Hostel mit Etagenbetten.

„Frühstück gibt es morgen früh um acht Uhr", teilte Betty mir mit.

Am Schabbatmorgen setzte ich mich zu den anderen Gästen an einen langen Tisch im Esszimmer, aber bevor wir mit dem Frühstück anfingen, sangen sie ein Lied. Es war wie ein Segen über dem Essen und berührte mich tief. So viele Jahre lang war ich an einem Samstagmorgen um diese Uhrzeit noch nicht einmal wach gewesen. Meine normale Aufwachzeit war nach dem Mittag, von starken Kopfschmerzen und verschwommenen Erinnerungen an die Nacht zuvor begleitet. So früh wach zu sein und einen Segen über mein Essen zu singen, war fremd für mich. Aber tatsächlich gefiel es mir.

12. KAPITEL

Treffen mit Arthur Blessitt

Von da an fuhr ich regelmäßig am Wochenende nach Haifa, um im Hostel auf der Hagefen-Straße zu schlafen. Es war toll, die Leute dort kennenzulernen und sich ihre Geschichten und Zeugnisse anzuhören, wie sie zum Glauben an Jesus gekommen waren.

An einem der Wochenenden entschied ich mich stattdessen aber, nach Jerusalem zu fahren. Mit meiner Touristenkarte lief ich durch die alten engen Gassen der Altstadt. Die Kühle der Steinmauern, läutende Glocken, Stimmen von Käufern und Verkäufern - all diese unbekannten exotischen Gerüche waren aufregend. Ich erlebte lebendige Geschichte. Der Name der Stadt, Jerusalem, war Teil vieler biblischer Geschichten und Verbindungspunkt zwischen Gott und Seinem alten Volk. Auf meinem Weg zum Ölberg verlief ich mich.

„Können Sie mir sagen, wie ich dorthin gelange?", fragte ich einen Passanten.

"Folgen Sie einfach dieser Straße, der Via Dolorosa", sagte der Mann zu mir. Der Name kam mir bekannt vor.

Plötzlich hörte ich laute aufgeregte Stimmen. Singende Leute begleiteten einen sonnengebräunten Mann, der ein T-Shirt, Jeans und Sandalen trug. Das Überraschendste an ihm war, dass er ein lebensgroßes Kreuz trug. Mit breitem Lächeln manövrierte der Mann das schwere Kreuz durch das geschäftige Markttreiben. Ich entschied mich dafür, der Menschenmenge zu folgen, um zu sehen, worum es ging.

Der Mann hielt vor der Erlöserkirche, einer lutherischen Kirche. Auf einem Stuhl stehend sprach er über Jesus und was dieser ihm persönlich bedeutete. Dann betete er.

Als ich meine Augen schloss, war es so, als lege sich eine Decke auf mich, die mich sicher einwickelte.

„Ich werde am Gartengrab mehr über meinen Weg mit dem Kreuz erzählen", sagte der Mann. „Ihr könnt gern mit mir mitkommen."

Arthur Blessitt in Jerusalem, 1977

Ich hatte keine Ahnung, wo er hinging, und folgte ihm, bis wir zu einem wunderschönen ruhigen ummauerten Garten gelangten.

Das Gartengrab, entdeckte ich, war für die Protestanten traditionell die Stätte der Kreuzigung und des Begräbnisses von Jesus. Es lag nahe einem der geschäftigsten Teile der Stadt, unweit des touristischen Zentrums und außerhalb der Altstadtmauern.

Unbemerkt saß ich in der letzten Stuhlreihe und hörte Arthur Blessitt zu, der davon berichtete, wie er das Kreuz durch viele verschiedene Länder trug.

„Ich trage dieses Kreuz so viele Jahre, weil ich Jesus nachfolge", erklärte er. „Meine Beziehung mit Jesus ist jetzt, in der Gegenwart, und so real, dass ich willens bin, dieses Kreuz im Gehorsam zu dieser Beziehung an viele verschiedene Orte zu tragen. Jesus ist der König über mein Leben."

Tief in mir reagierte etwas auf diese Worte. Ich wollte nicht länger der König über mein Leben sein. Bevor diese Reise nach Israel begonnen hatte, war mein Leben ein Durcheinander gewesen. Dort, am Gartengrab, übergab ich leise mein Leben Jesus: ab jetzt sollte Er statt meiner in meinem Leben regieren.

„Wenn Du mir Deinen Willen mitteilst und ich mir sicher bin, dass es Dein Wille ist, dann werde ich alles tun, worum Du auch immer mich bittest. Ich werde Dich herrschen lassen."

In dem Moment, als ich diese Worte gesprochen hatte, fiel eine große Last von mir ab.

Auf dem ganzen Weg zurück zum Zentralen Busbahnhof herrschte tiefer Frieden in mir. Irgendwie war es das Ende der Suche, aber auch der Beginn eines Lebens, das viel mehr sein würde, als ich mir je hätte vorstellen können.

13. KAPITEL

Kibbuzleben

Die Kibbuzmitglieder waren immer sehr freundlich zu mir; es störte sie nicht, dass ich kein Jude war. Insbesondere die Älteren, die wussten, dass ich keine Familie in Israel hatte, gaben ihr Bestes, damit ich mich zu Hause fühlte. Es schien, als gäbe es für „Waisenkinder" einen besonderen Platz in ihrem Herzen. Indem ich meine freien Nachmittage damit zubrachte, so manch eine Tasse Kaffee zu trinken und hausgemachten Kuchen zu genießen, erfuhr ich, wie und warum die jeweiligen Geschichtenerzähler nach Israel und in den Kibbuz gekommen waren. Die Gründerväter und -mütter von Ramat Hakovesh waren im späten Teenageralter oder mit Anfang zwanzig nach Israel gekommen. Diese Mitglieder der polnischen Zionistenjugendgruppe gründeten den Kibbuz. Die meisten von ihnen stammten aus großen jüdischen Familien, die darauf gehofft hatten, ihren Söhnen und Töchtern in dieses Land zu folgen, das damals als Palästina bekannt war. Leider saßen viele dieser Familienmitglieder in Europa fest, als der Zweite Weltkrieg ausbrach, und wurden letztendlich durch das Naziregime ermordet. Der Holocaust hatte viele Kibbuzmitglieder zu Waisen gemacht, und deshalb konnten sie sich mit denjenigen identifizieren, die ohne ihre Familie im Land waren.

Ramat HaKovesh in den ersten Jahren

Sie erzählten mir ihre Erlebnisse und sahen, dass ich von ihrer Geschichte fasziniert war. Ich stellte viele Fragen, aber dann fragten sie mich eines Tages etwas Persönliches: „Was hat dich hierher nach Israel gebracht?"

Ich entschied mich dafür, ihnen gegenüber ehrlich zu sein, und erzählte ihnen über meine Suche nach Gott und wie ich Jesus während der ersten Monate, die ich in Israel lebte, gefunden hatte. Ich erinnere mich deutlich an den Ausdruck auf ihren Gesichtern, als ich Seinen Namen – Jesus (Yeshua) – erwähnte. Es war, als hätte ich einen Kraftausdruck benutzt. *Warum?*, fragte ich mich.

"Lass uns dir erzählen, was für uns Juden dieser Name bedeutet", begannen meine Freunde. „Durch alle Jahrhunderte hindurch wurde uns die Schuld für Seinen Tod gegeben. Die christliche Kirche betrachtet uns als minderwertige Menschen, ein verfluchtes Volk, das es verdient hat, bestraft zu werden." Später hörte ich über die Kreuzzüge, die Inquisition und die Pogrome; die Kirche fühlte sich immer dafür verantwortlich, die Juden für das, was „sie getan hatten, indem sie Jesus kreuzigten", zu bestrafen. Die orthodoxe Kirche in Polen und der Ukraine war besonders um Weihnachten herum und noch mehr in der Osterzeit übereifrig darin, jeden einzelnen Juden, den sie fanden, auszuplündern, zu vergewaltigen und zu töten.

Viele der älteren Kibbuzmitglieder stimmten darin überein, dass die Kirche für den größten Teil ihres Leids als ganzes Volk verantwortlich war. Die Judenverfolgung nahm über die Jahrhunderte der europäischen Geschichte hinweg zu und endete schließlich mit den schrecklichen Gräueltaten des Holocaust. Das Hören ihrer Version der Geschichte schuf ein großes Dilemma für mich. Indem ich mehr über die dunkle Historie der Kirche hörte, konnte ich verstehen, warum sie sich so fühlten, wie sie es taten. Aber die Person Jesus, die ich gerade erst kennenlernte, stimmte nicht mit ihrer Wahrnehmung von Ihm überein. Mehr und mehr verstand ich, dass die Kirche als Institution, die Jesus als Herrn für sich in Anspruch nahm, überhaupt nicht reflektierte, wer Er wirklich gewesen ist.

Ich fing an, den Lebensstil des Kibbuz zu lieben – nicht nur die Interaktion mit den Menschen, sondern auch die harte, physische Arbeit auf den Feldern. Die Entscheidung, ein wenig länger im Kibbuz zu bleiben, hatte ihre Vorteile, denn mein „Dienstalter" gab mir das Privileg eines Privatzimmers. Als ich eines Tages von den Feldern zurückkam, fielen meine Augen auf einen Stapel weggeworfener Zweige von Avocadobäumen, und ich nahm ein interessant aussehendes großes Stück knorriges Holz mit in mein Zimmer. In meiner Freizeit fing ich an, das Holz mit einem einfachen Messer zu schnitzen. Ich fragte den Zimmermann des Kibbuz', ob er mir alte Meißel und einen Hammer leihen könne, denn ich hatte erkannt, dass das Holz für die Bearbeitung mit einem einfachen Messer einfach zu hart war.

Ich weiß nicht wirklich, warum ich damit anfing, denn ich hatte noch nie zuvor Holz geschnitzt. Sicher, ich wusste, wie man zeichnete und malte, aber künstlerisch war dies eine völlig andere Arbeit. In meiner freien Zeit, sobald ich mit meiner Arbeit in der Bananenplantage fertig war, fuhr ich fort, das Holz zu bearbeiten. Ich hatte nichts Besonderes vor, aber ich studierte das Holz und sah verschiedene Formen, die ich versuchte mit dem Meißel „zu befreien".

Die Werkzeuge in meiner Hand und das Formen des Holzes war eine Art der Meditation für mich, ein Raum, den meine Gedanken erkundeten. Ich schnitzte weiter aus dem Holz, was ich „sah". Hier sah ich zwei Hände zusammen, und dort in der rauen Rinde erkannte ich ein Gesicht und dann ein einzelnes Auge. Es spielte keine Rolle, ob es Sinn machte oder nicht; einfach nur das Gefühl, der Geruch und die Interaktion mit den Werkzeugen beim Schnitzen des Holzes waren genug für mich. Manchmal, nach der Arbeit, plante ich einfach nur, für ein paar Minuten zu schnitzen, mich zu duschen und dann zum Essen in den Speisesaal zu gehen. Aber mehr als einmal sah ich auf die Uhr und stellte fest, dass Mitternacht bereits vorbei war und ich schon für mehrere Stunden geschnitzt hatte! Da mir nur wenige Stunden blieben, bis ich wieder aufstehen musste, machte ich mir gar nicht erst die Mühe, mich auszuziehen, sondern schlief einfach so, wie ich war, in meinen Arbeitssachen ein.

Jene von uns, die im Ulpan lernten, waren einer "Adoptivfamilie" aus dem Kibbuz zugeteilt worden. Die Idee bestand darin, dass dies uns dabei helfen würde, unser Hebräisch anzuwenden und mehr über das Leben im Kibbuz zu lernen.

Meine Adoptivfamilie, die Carmis, waren großartig. Bis heute haben wir Kontakt zu ihnen. Moti, mein Kibbuzvater, war im Kibbuz geboren; seine Eltern hatten es beide geschafft, Polen zu verlassen, bevor der Krieg 1939 begann. Ruti, meine Kibbuzmutter, war in einem nahe gelegenen Kibbuz geboren worden. Ihre Eltern stammten beide aus Ungarn und hatten die Schrecken des Holocaust überlebt.

Als ich das erste Mal zu ihnen kam, war Zohar, die vier Jahre alte Tochter, die Einzige, die genug Geduld dafür aufbrachte, mein schlechtes Hebräisch zu ertragen. Die anderen Kinder waren Dani, Noga und Zeev. Ich schätzte ganz besonders die Großzügigkeit dieser wundervollen Familie.

Obwohl Ruti und Moti nur zehn Jahre älter waren als ich, fühlte ich mich durch das Level meines Umgangshebräisch wie ein Kleinkind. Moti war stiller und reservierter, Ruti hingegen eine starke Persönlichkeit, die zu nahezu allem eine eindeutige Meinung hatte. Sie sagte mir genau, was sie über Gott dachte und wie lächerlich es sei zu glauben, dass solch ein „Ding" überhaupt existiere. Das Thema meines Glaubens an Jesus anzusprechen, würde sie erzürnen, deshalb erwähnte ich diesen nicht, es sei denn, sie sprach mich selbst darauf an.

Nachdem ich das Holz drei Monate lang geschnitzt hatte, erkannte ich, dass ein Muster entstanden war. Die verschiedenen Bilder, die ich in den hölzernen Zweig eingeschnitzt hatte, erzählten die Geschichte von Jesus, der den blinden Mann geheilt hatte. Ohne jegliche Absicht erzählte dieses Werk bildlich diese Geschichte. Es faszinierte mich, dass es mir möglich gewesen war, die Geschichte kreativ auszudrücken, indem ich es aus dem geistlichen Stand, den ich jetzt hatte, nahm. Während all dieser Stunden des Schnitzens hatte ich mich selbst in der Arbeit und in meinen Gedanken verloren. Dies fühlte sich an wie eine tiefe Gebetszeit, so als ob ich tief in mich selbst hineingedrungen sei, um etwas auszudrücken, das jetzt nach außen hin sichtbar war.

Ein paar Tage später kam Ruti bei mir vorbei, um nach mir zu sehen, und wie eine gute Mama beschwerte sie sich: „Dein Zimmer ist ein einziges Durcheinander! Du musst aufräumen!" Als sie die Schnitzerei in der Mitte des Zimmers bemerkte, wurde sie still und sah sich die Arbeit genau an.

„Wie schön!", rief sie aus und war offensichtlich neugierig auf das Kunstwerk. „Wenn du es beendet hast, gehört es mir!", sagte sie und zeigte auf sich selbst. „Ich weiß schon, wo ich es in meinem Haus aufstellen werde." Ich wusste, dass mein Protest vergebens war, deshalb nickte ich einfach.

Ich brauchte noch ein paar Wochen, bevor ich das Gefühl hatte, dass das Stück vollendet war.
Tagelang hatte Ruti gedrängt, das Stück fertigzustellen. Ich überlegte hin und her, ob ich ihr sagen sollte, was ich in dem Stück sah und was es mir bedeutete. Ich wusste, Ruti würde wütend auf meine Geschichte von Jesus sein. Nachdem ich gebetet und um Weisheit gebeten hatte, sagte ich ihr, dass das Werk fertig sei.
„Kannst du morgen in mein Zimmer kommen, um es abzuholen?"
Als Ruti am nächsten Tag kam, sagte ich: „Ich möchte dir gern erzählen, was ich in dem Holz sehe."

Auf meinem Bettrand sitzend hörte sie mir zu, wie ich ihr zwanzig Minuten lang die Geschichte erzählte, wie Jesus den blinden Mann heilte, die ich in verschiedenen Bildern auf dem geschnitzten Stamm dargestellt hatte. Es war ein Wunder, denn sie unterbrach mich nicht ein einziges Mal!
„*Toda Raba*, danke!", sagte sie. „Ich denke, es ist ein sehr schönes Kunstwerk." Mit der Schnitzerei in ihren Armen ging sie weg.
Fassungslos fühlte ich, dass der Herr zu meinem Herzen redete: „Dies ist deine Sprache, um zu ihnen zu sprechen." Damals erkannte ich, dass Kunst mir eine Möglichkeit einräumte, die Herzen der Menschen ohne Worte zu berühren.

Jahre später, lange nachdem meine Frau Dafna und ich den Kibbuz verlassen hatten, besuchten wir Moti und Ruti. Ich bemerkte, dass die Skulptur, die immer in einer Ecke gestanden hatte, nicht mehr da war.

„Was ist mit der Skulptur geschehen?", fragte ich Ruti vorsichtig.

„Ich habe sie meiner Mutter gegeben", sagte sie mir.

Aggie, die nach dem zweiten Weltkrieg aus Ungarn nach Israel gekommen war, hatte die Skulptur immer gemocht.

Ruti wollte, dass ihre Mutter diese in ihrem Haus haben sollte.

Viele Jahre lang erfreute sie sich an dem Kunstwerk, bis ihr Sehvermögen sich verschlechterte. Im Alter von 84 Jahren erblindete Aggie dann vollständig.

Es bewegt mich immer wieder, dass die erste Skulptur, die ich jemals geschaffen habe, welche die Geschichte der Heilung des blinden Mannes durch Jesus erzählt, zuletzt im Haus einer blinden Holocaust-Überlebenden stand. Inzwischen ist Aggie verstorben.

Von links nach rechts: Rick und Zoar, Moti (Kibbutz-Vater) Ruti und Dani (jetzt 41 Jahre alt) Vorne: Paul, ein britischer Volontär, der ein Freund von mir war.

14. KAPITEL

Jesaja 14

Während ich durch das Land reiste, traf ich andere Gläubige aus verschiedenen Nationen und unterschiedlicher Herkunft. Manche erzählten mir, dass sie die Stimme des Herrn „gehört" hatten, wie diese zu ihnen sprach und was geschah, nachdem sie gehorsam waren. Das faszinierte mich.

„Wie hast du eigentlich erkannt, dass der Herr zu dir gesprochen hat?", wollte ich wissen. „Wie klingt Er?" Ich wollte wissen, ob dies real war.

„Wenn der Herr spricht, weißt du einfach, dass Er es ist", sagten sie mir. „Du wirst einen tiefen Frieden in dir verspüren."

Das klang gut, aber ich brauchte etwas Greifbareres.

Ilona, eine deutsche Volontärin im Kibbuz, und ich waren gute Freunde geworden. Als sie für ihre Ausbildung nach Deutschland zurückkehren musste, entschieden wir gemeinsam, dass ich mitkommen würde, um ihre Eltern kennenzulernen. Unsere Beziehung wurde ernsthaft, und ich freute mich darüber. Meine Zeit in Israel war sehr gut, jetzt fühlte ich, dass der nächste Schritt sein könnte, nach Deutschland zu gehen.

Einer meiner Freunde sagte mir, dass, sofern ich kein „Wort" vom Herrn bekäme, in Israel zu bleiben, ich das Land verlassen solle, denn dies sei ein schwieriger Ort für einen jungen Gläubigen. In einem anderen Land würde es für mich viel einfacher sein.

Ungefähr drei Wochen, bevor Ilona nach Deutschland fahren sollte, brauchte ein Freund einen Platz zum Schlafen, also bot ich mein Zimmer an. Meine Kibbuz-Eltern ließen mich immer das Sofa im Wohnzimmer benutzen, also übernachtete ich in dieser Nacht in ihrem Haus. Um Mitternacht herum war mein Kopf mit angenehmen Gedanken über mein neues Abenteuer in Deutschland gefüllt. Obwohl Israel in meinem Herzen immer einen besonderen Platz haben würde, schien es, als sei es an der Zeit weiterzuziehen.

Während ich damit beschäftigt war, nachzudenken und Pläne zu schmieden, kam mir ein anderer Gedanke – scheinbar aus dem Nirgendwo. Ungebeten drängte er sich mir auf.

„Jesaja vierzehn" war alles, was die Stimme sagte. Weiter nichts.

Komisch, dachte ich, ignorierte jedoch diese Störung, indem ich mich meinen anderen, angenehmen Gedanken zuwendete.

Ein paar Minuten später wiederholte die Stimme, dieses Mal kräftiger: „Jesaja vierzehn!"

Ich war ratlos, was ich tun sollte. Als junger Gläubiger wusste ich, dass das Buch Jesaja irgendwo in meiner Bibel zu finden sein musste, aber noch nicht genau, wo. Meine Bibel steckte in meinem Rucksack am anderen Ende des Zimmers, und ich war zu bequem, aufzustehen und sie zu holen. Plötzlich empfand ich jedoch solch eine Eile, dass ich mich selbst dazu zwang, das Licht anzumachen und meine Bibel auszupacken.

Ich brauchte etwas Zeit, um das Buch Jesaja zu finden. Auf der Sofakante sitzend begann ich die ersten Verse des vierzehnten Kapitels zu lesen: **„Denn der Herr wird sich über Jakob erbarmen und Israel wieder erwählen und sie zur Ruhe bringen in ihrem Land. Und der Fremdling wird sich ihnen anschließen, und sie werden dem Haus Jakobs anhängen. Und die Völker werden sich ihrer annehmen und sie an ihren Ort bringen; und das Haus Israel wird diese im Land des Herrn als Knechte und Mägde zum Erbbesitz erhalten."**

Als ich diese Worte las, wusste ich sofort, dass ich einer dieser „Fremdlinge" bin.

Die Rückkehr oder „Ansiedlung" der Juden in ihrem eigenen Land war die treibende Kraft gewesen, welche die Nation Israel wieder in Existenz gebracht hatte. Durch Gottes Gnade wurden sie nach dem Zweiten Weltkrieg und dem Holocaust in ihr eigenes Heimatland gebracht. Ich hatte nicht gewusst, dass auch Fremde sich dem Land anschließen konnten. Als ich wieder ins Bett ging, herrschte ein tiefes Gefühl von Gottes „Gegenwart" im Zimmer.

Auf jeden Fall löste dieser Bibelvers viele Fragen aus.

Willst du, dass ich in Israel bleibe, Herr? Bin ich einer dieser Fremdlinge, der sich diesem Haus und diesem Land anschließt?

Dann erinnerte ich mich an das, was meine gläubigen Freunde mir gesagt hatten, dass, wenn der Herr gesprochen hat, ich einen tiefen Frieden empfinden würde. *Okay Herr,* dachte ich. *Wenn ich in Israel bleibe, was wird dann mit Ilona sein? Ich glaube nicht, dass ich über diese Angelegenheit Frieden empfinden werde.*

Ich wickelte mich in die Decke und fühlte, wie ein seltsamer Frieden über mich kam. Bald schlief ich tief und fest. Am nächsten Morgen sprach ich mit Ilona über das, was mir während der Nacht widerfahren war. Obwohl all das komisch und sogar mystisch schien, verspürte ich weiterhin einen tiefen Frieden in meinem Herzen, als ich es ihr erzählte. Ich wusste, dass es für sie schwer zu akzeptieren sein würde, da sie wollte, dass ich mit ihr nach Deutschland käme, in der Hoffnung, wir würden dort heiraten. Doch ich hatte mein Leben Jesus gegeben, und ich wollte die Wirklichkeit Seines Königtums in meinem Leben. Würde dies ein Test dieser Wirklichkeit sein? Ich musste auf das, was ich nur als seltsame spirituelle Erfahrung beschreiben konnte, reagieren und eine Entscheidung treffen.

Ich konnte mich dafür entscheiden, diese Stimme, die ich in der Nacht gehört hatte, abzuschütteln und meine Beziehung mit diesem schönen deutschen Mädchen weiterzuführen und mit ihr mitzugehen. Eine echte Lebensentscheidung auf der Basis einer geistlichen Aufforderung zu treffen, schien eher extrem und nicht sehr tragfähig. Das Fazit war, dass, wenn ich Sein Königtum in jedem Gebiet meines Lebens wollte, ich nicht nur diese „Aufforderung" ernst nehmen, sondern auch irgendwie einen Weg finden musste, darauf zu reagieren.

„Dieses Wort, von dem du denkst, dass es vom Herrn ist, muss bestätigt und geprüft werden", mahnte mich Ilona.

Sie hatte nicht ganz unrecht. *Aber wie sollte ich dieses Wort bestätigen?,* fragte ich mich. *Was muss ich tun?*

Plötzlich hatte ich eine Idee. *Ich werde zum Innenministerium gehen und mich für eine Aufenthaltsgenehmigung bewerben,* entschied ich mich. *Wenn der Herr will, dass ich in Israel bleibe, dann muss ich das in meinem Reisepass bestätigt haben.*

15. KAPITEL

Wunder im *Misrad haPnim* (Innenministerium)

Ich wusste, dass es in Israel für einen Nichtjuden beinahe unmöglich war, jegliche Form von Aufenthaltserlaubnis zu beantragen. Ich dachte, dies sei ein guter Weg, das erhaltene Wort zu überprüfen. *Da ich hier nichts manipulieren kann, wird deutlich, ob es von Gott ist oder nicht.*

In Israel gab es vier verschiedene Arten von Aufenthaltsstatus: nach dem Touristenstatus kam die temporäre Aufenthaltsgenehmigung, gefolgt von der dauerhaften Aufenthaltsgenehmigung, und der höchste Status war der des Staatsbürgers.

Ich ging zum Innenministerium und bat um ein Treffen mit der Visa-Sachbearbeiterin. Nach dem ich lange gewartet hatte, wurde ich endlich in das Büro gerufen. Hinter einem großen hölzernen Tisch, der mitten im Zimmer stand, saß eine korpulente Frau mittleren Alters, die, wie es schien, schon seit langer Zeit Sachbearbeiterin war – und damit offenbar nicht sehr glücklich.

Ich war nervös, hatte aber eingeübt, was ich sagen wollte.

„Was brauchen Sie?", fragte sie ungeduldig.

„Ich möchte für mich eine temporäre Aufenthaltsgenehmigung beantragen", sagte ich.

Missmutig sah sie mich an: „Sind Sie Jude? Nein? Dann ist dies nichts für Sie."

„Ich bin mir dessen bewusst, aber ich möchte diese Aufenthaltsgenehmigung dennoch beantragen."

Sie war überrascht von meiner *Chuzpe* (hebr.-jidd. für Dreistigkeit) und sagte nochmals: „Nein! Dieser Status ist nicht für sie. Es war nett, dass sie Israel besucht haben, aber sie müssen jetzt gehen. Dies ist ein jüdischer Staat. Wenn ich diese Papiere nach Jerusalem sende, dann wird dort sicherlich Ihr Antrag abgelehnt werden."

„Das weiß ich auch, und ich danke Ihnen für Ihre Hilfe. Es ist nur ein Formular, ein Stück Papier. Ich möchte es trotzdem ausfüllen", flehte ich.

Ich bemerkte, dass sie anfing, sich in ihrem Stuhl zu winden, und wusste, sie wurde langsam ärgerlich.

„Okay, wenn dies der Fall ist, warum beantragen Sie dann nicht eine dauerhafte Aufenthaltsgenehmigung? Ihr Antrag wird ohnehin abgelehnt werden – also, warum bemühen Sie sich nicht um den höchsten Status?"

„Gut, lassen Sie uns das tun", stimmte ich zu und ahnte, dass ich bereits genug ihrer Zeit verschwendet hatte und sie mich aus ihrem Büro raushaben wollte.

Weil mein Hebräisch immer noch auf Basisniveau war, half mir die Frau dabei, die Formulare auszufüllen.

Da ich im Land bleiben musste, um zu erfahren, was das Innenministerium hinsichtlich meines Status´ entscheiden würde, verabschiedete ich mich von Ilona und versprach ihr, sie so bald wie möglich wissen zu lassen, ob ich nach Deutschland käme. Ich hatte gemischte Gefühle. Auf der einen Seite wollte ich meine Beziehung zu ihr vertiefen, aber auf der anderen Seite wollte ich wissen, ob meine Beziehung mit Jesus real sein könnte.

Während ich weiterhin im Kibbuz arbeitete, wartete ich. Wochen wurden zu Monaten, ich war zurück im täglichen Arbeitsrhythmus, den ich sehr mochte. Sechs Monate nach meinem Visumantrag fand ich ein offiziell aussehendes Schreiben vom Innenministerium in meinem Postfach. Ich hatte den Antrag schon beinahe vergessen; deshalb war der Brief eine Überraschung. Beim Mittagessen im Speisesaal öffnete ich den Umschlag.

Darin befand sich ein kurzer Brief mit folgenden Sätzen auf Hebräisch: „Ihr Antrag ist bewilligt worden. Bitte bringen Sie Ihren Reisepass zum nächstgelegenen Innenministerium."

Ich war mir nicht sicher, ob ich die Worte richtig verstanden hatte, deshalb las ich sie wieder und wieder. „Was bedeutet dies?", fragte ich meine Kibbuzfreunde.

„Es sieht so aus, als sei das, was du beantragt hast, genehmigt worden!" Sie lächelten mich an.

Ich war zugleich begeistert und verwundert. Es war nicht einfach nur Begeisterung im Sinne von „Wow, ich kann in Israel bleiben!", sondern eher: „Wow! Er hat wirklich zu mir gesprochen! Gott spricht zu uns! Er hat gesprochen, und ich habe Ihn tatsächlich verstanden!"

Am nächsten Tag ging ich zum Innenministerium und musste wieder der angsteinflößenden Frau gegenübertreten. Ich war mir nicht sicher, ob sie sich an mich erinnern würde, aber nun stand ich mit meinem Dokument dermaßen glücklich vor ihr, dass ich so tat, als seien wir alte Freunde.

„Sie haben es mir bewilligt! Sie haben mir die dauerhafte Aufenthaltsgenehmigung gegeben!"

Voller Freude gab ich ihr das Schreiben. Inzwischen hatte sie sich wahrscheinlich wieder an mich erinnert und war nicht besonders erfreut, mich wiederzusehen. Nachdem sie das Schreiben gelesen hatte, zerknüllte sie es, ohne mich dabei anzusehen und schmiss es in den Papierkorb neben ihrem Schreibtisch.

„Das ist ein Fehler", war alles, was sie sagte, bevor sie aufstand und das Büro verließ.

Ich wusste nicht, was ich tun sollte, und fragte mich, ob ich meinen Zettel aus dem Papierkorb herausholen sollte. *Ist unser Treffen beendet?*, fragte ich mich. *Warum ist sie rausgegangen?* Alle möglichen Gedanken schossen mir durch den Kopf. *Wie habe ich das nur vermasselt? Bedeutet dies, dass der Herr nicht zu mir gesprochen hat? Soll ich bleiben?* Meine ganze Freude war verflogen.

Plötzlich öffnete sich die Tür, und eine Frau mit einer dicken Akte in den Händen trat ein. Ohne ein Wort zu sagen oder mich anzusehen, setzte sie sich und ging langsam die Papiere durch. Nach einer Weile sah sie mich an. „Ich verstehe das nicht. Es muss irgendein Fehler vorliegen", murmelte sie.

Ich war überrascht, aber bevor ich irgendetwas sagen konnte, überprüfte sie weiter die Papiere und sagte zu sich selbst: „Ich verstehe das einfach nicht. Man hat Ihnen die dauerhafte Aufenthaltsgenehmigung bewilligt. Wie konnte das geschehen?" Hoffnung kam auf!

Ich versuchte, sympathisch zu sein, und sagte: „Das ist okay. Sie müssen das nicht verstehen. Sie müssen einfach nur meinen Reisepass stempeln, dann werde ich gehen. Sie müssen mich nie wiedersehen!"

„Aber ich habe so etwas niemals zuvor erlebt!", rief sie.

Ich schob ungeduldig meinen Reisepass in ihre Richtung und versuchte ruhig zu wirken. Endlich, nach langer Zeit, nahm sie einen großen Gummistempel aus ihrer Schublade und stempelte lautstark meinen Reisepass mit der dauerhaften Aufenthaltsgenehmigung.

Ich war tief bewegt. Mich selbst unter Kontrolle haltend, dankte ich ihr und ging aus dem Büro hinaus. Neben dem Gefühl der tiefen Ehrfurcht vor Gott spürte ich meine Verantwortung gegenüber all dem, was gerade geschehen war. Dieser Moment war ein Meilenstein, einer, der die Kraft hatte, den Rest meines Lebens zu bestimmen, denn ich konnte niemals sagen, dass dies nicht Gottes Tun gewesen sei. Der Erhalt der Bestätigung, dass ich in Israel bleiben konnte, bedeutete gleichzeitig das Ende meiner Beziehung zu Ilona.

Im folgenden Monat begann ich darüber nachzudenken, dass ich, wenn ich hierbliebe, wie alle anderen auch in der IDF dienen sollte. Ich sprach mit verschiedenen Männern im Kibbuz, die mir dabei halfen, von der Armee angenommen zu werden. Ich gehörte einer kleinen Fallschirmjägereinheit an, und ich kämpfte an der Seite meiner Kriegskameraden im ersten Libanonkrieg von 1981.

Wenn jemand mir gesagt hätte, dass ich vier Jahre nach meiner Ankunft in Israel in der israelischen Armee kämpfen würde, hätte ich ihm gesagt, dass er verrückt sei. Gott hatte alle meine Gedanken und Vorstellungskräfte übertroffen!

Nachdem ich meinen Armeedienst beendet hatte, entschied ich mich dazu, die Staatsbürgerschaft zu beantragen, und erhielt diese ohne irgendwelche Probleme. Gott hat mich mit Seiner Liebe für dieses Volk und dessen Land überrascht. Durch viele Beziehungen ermöglichte Er es mir, mit Land und Volk in Verbindung zu stehen und mich mit ihm zu identifizieren.

Ich bin Ihm wirklich sehr dankbar
– Er ist ein großartiger Vater.

Israelische Streitkräfte -
Kumpels von meiner
Fallschirmspringereinheit

16. KAPITEL

Dafnas Geschichte

Ich bin 1959 als Lori Scheimann geboren und wuchs als zweites Kind meiner Eltern in Fort Wayne, Indiana, mit zwei Brüdern auf. Meine Eltern waren beide Lutheraner mit deutschen Wurzeln. Ihre Familien lebten seit mindestens drei Generationen in derselben Gegend. Ich erinnere mich daran, dass die Eltern meines Vaters deutsch sprachen, wenn sie nicht wollten, dass wir verstehen, was sie sagen.

Das Leben in den USA verlief ganz normal mit Schule, Geburtstagen, Feiertagen und Familien-Campingurlauben. Nach außen hin schienen wir eine liebevolle Familie zu sein, aber in den 1970er Jahren schienen die verborgenen Eheprobleme meiner Eltern auf eine Scheidung hinauszulaufen und sorgten für viel Unfrieden in unserem Zuhause. Obwohl die lutherische Kirche für meinen Vater immer ein Fels gewesen war, fand er dort länger keine Antworten und begann anderswo danach zu suchen. Zu dieser Zeit fing meine Mutter an, einen professionellen medizinischen Berater aufzusuchen. Eines Abends bat mein Vater Gott verzweifelt um Hilfe, während er in unserem Keller-Fernsehzimmer eine Sendung von Billy Graham sah. Als ersten Schritt begann er, ernsthaft die Bibel zu lesen, und ging nicht länger mit seinen Kumpels zum Trinken aus. Meine Mutter bemerkte diese Veränderung und überlegte, ob er vielleicht auch ihren Berater aufsuchen sollte.

„Nein", erklärte mein Vater. „Ich habe mich verändert, weil ich mich jetzt mehr auf Gott konzentriere."

„Danach habe ich mein ganzes Leben gesucht!", meine Mutter war begeistert.

Dies geschah 1973, als die charismatische Bewegung durch Amerika ging. Meine Eltern begannen damit, an Zelt-Revivals, kleinen Hausgruppentreffen und sogar charismatischen katholischen Events teilzunehmen. Trotz der Tatsache, dass meine Eltern glücklich, begeistert und fokussiert ihre Ehe wieder aufbauten, ängstigte mich diese Veränderung. Sie sagten sogar, dass sie sich liebten! *Ist das echt?*, fragte ich mich. Ich war nicht willens, an ihre Veränderung zu glauben, wurde rebellisch und versuchte mein eigenes Leben zu leben, indem ich in die entgegengesetzte Richtung ging. Für einen Zeitraum von drei Jahren beobachtete ich meine Eltern und ihre Freunde.

„Wir lieben dich", sagten sie mir immer wieder, „und wir beten für dich."

Nett, dachte ich, *aber ich habe meine eigenen Freunde, die mich „lieben".*

Gegen Ende meines dritten rebellischen Jahres versuchte ich mich mit mir selbst auseinanderzusetzen. *Wer bin ich?* Ich war mir nicht sicher. *Bin ich diejenige, die zu Hause versucht, das "gute Mädchen" zu sein, um den Frieden zu wahren? Oder diejenige, die in immer mehr Schwierigkeiten gerät, wenn sie mit ihren Freunden weggeht?* Tief in meinem Herzen wusste ich, dass, wenn mir etwa Schlechtes widerfahren sollte, meine Freunde mir nicht helfen konnten, da sie im gleichen Schlamassel steckten wie ich. Auf der anderen Seite wusste ich, dass meine Eltern und ihre Freunde mich unter allen Umständen akzeptieren würden, daher fing ich an, ihnen immer mehr zu vertrauen.

Während ihrer geistlichen Suche entdeckten meine Eltern, dass die Bibel sehr jüdisch ist. *Was sind Pessach und Sukkot für Feiertage?*, fragten sie sich. Langsam fingen sie an zu verstehen, dass Israel nicht eine antike Geschichte, sondern ein lebendiger, dynamischer und moderner Staat ist, über den sie mehr erfahren und den sie kennenlernen wollten. Nach Besuchen bei unseren jüdischen Nachbarn und dem Lesen zahlreicher Bücher besuchten meine Eltern die israelische Botschaft in Chicago. „Ist es möglich, in Israel zu leben?", fragten sie. Es wurde vorgeschlagen, dass mein Vater seinen Lebenslauf als Lastwageningenieur an verschiedene Firmen in Israel schicken sollte. Von einer Firma in Nazareth erhielt er eine Antwort in Form eines Telegramms, in dem sie schrieben, dass sie nach genau so einem Lastwageningenieur wie ihm suchten. Könnte er innerhalb dieses Jahres kommen? Nach weiteren Treffen in der israelischen Botschaft entschieden sich meine Eltern dafür, alles, was sie besaßen, zu verkaufen – das Haus, die Autos, die Seehütte – und nach Israel zu ziehen.

Zu diesem Zeitpunkt war ich bereit, mit ihnen zu gehen, da ich mein Leben dem Herrn gegeben hatte und Ihm folgen wollte. Der Umzug nach Israel würde mir eine neue Chance geben, einen neuen Beginn.

17. KAPITEL

Erste Begegnung mit Rick

Wir kamen im September 1976 in Jerusalem an. Die Altstadt und Neustadt zu erleben, war fantastisch – es gab so viele Klänge, Gerüche und neue Gesichter; eine moderne Stadt mit einer antiken Geschichte. Das Zusammenleben mit einer Gruppe Amerikaner half uns dabei, uns an das „Land" zu gewöhnen. Drei Monate später zogen wir nach Afula im Jezreel-Tal, um näher bei der Firma zu leben, für die mein Vater arbeitete. Zu dieser Zeit änderte ich meinen Namen in „Dafna". Lori ist abgeleitet von Laurel, was auf Hebräisch Dafna bedeutet. Als Familie schrieben wir uns in einen Ulpan ein, um für sechs Monate die hebräische Sprache zu erlernen. Wir fanden neue Freunde, indem wir uns mit den jüdischen Bräuchen unserer tunesischen und marokkanischen Nachbarn vertraut machten. Wann immer wir die Gelegenheit hatten, reisten wir durch das Land, um die Sehenswürdigkeiten anzusehen.

Haifa war nicht weit von Afula entfernt, deshalb fuhren wir oft an den Freitagen zu einer Art Jugendherberge, in der sich eine kleine Gruppe von Gläubigen traf. Ein junger Kanadier namens Rick Wienecke kam auch zu diesen Treffen und übernachtete im Hostel. Er war ein noch junger Gläubiger an Jesus, total in Israel verliebt, und sein einziges Verlangen war es, mehr über beide zu erfahren. Als ich ihn das erste Mal sah, trug er langes welliges sandfarbenes Haar und einen buschigen Bart. Sein kariertes Hemd und seine blauen Latzjeans waren seine „besten Sachen" und in dieser Zeit sein Markenzeichen. Seine Unbeschwertheit und sein freundliches Lächeln weckten meine Aufmerksamkeit. Infolge der vergangenen Jahre war ich zurückhaltend geworden; mit achtzehn Jahren sehr schüchtern, fand ich es schwer, einfach zu plaudern, sogar mit Leuten meines Alters.

Mein Vater unterhielt sich mehrmals mit Rick und fand dabei heraus, dass sie beide Tennis spielten. Er lud Rick an den Freitagabenden zu uns nach Hause ein, damit sie am Shabbatmorgen zusammen Tennis spielen konnten.

Rick und ich wurden Freunde; ich freute mich, wenn er uns besuchte, weil er klug und lustig war und mich zum Lachen brachte. Es gab bei Rick und mir in diesen Jahren auch andere Freunde und ein paar ernsthafte Beziehungen, bei mir zum Beispiel zu einem israelischen jungen Mann, dessen Familie ich während unserer ersten zwei Jahre in Afula liebgewonnen hatte. Später wollte ein hübscher Holländer, dass ich ihn in Holland besuchen käme. Ungeachtet unserer anderen Interessen blieben Rick und ich in Kontakt miteinander. Es war immer einfach, mit ihm zusammen zu sein und mit ihm zu reden, da wir ein natürliches und freundschaftliches Interesse aneinander hatten.

Ich liebte meine Arbeit als Kindergartenmitarbeiterin. Durch die Arbeit mit den 2- bis 4-Jährigen, denen ich Lieder und Geschichten beibrachte, lernte ich selbst eine Menge, insbesondere über die jüdische Kultur, die Feiertage, die Geschichte und verschiedenen Standpunkte.

Mir gefiel es, bei den Kunstprojekten, Theaterstücken und Geburtstagsfeiern der Kinder mitzuarbeiten. Weil ich wusste, dass ich keine *Ganenet* (Kindergärtnerin) sein würde, beschloss ich, mich an der Krankenpflegeschule anzumelden.

Afula hat ein großes Krankenhaus für die ganze Region, einschließlich der arabischen Dörfer, Kibbuzim und Moschawim. Obwohl die Krankenpflegeschule neben dem Krankenhaus lag, das wiederum in der Nähe unseres Hauses war, entschied ich mich dazu, im Studentenwohnheim zu leben. Auf diese Weise konnte ich mit den anderen Mädchen lernen, da ich Hebräisch immer noch als Zweitsprache erlernte. Während dieser Zeit fokussierte ich mich auf mein Studentenleben und freute mich gleichzeitig auf meine Zukunft als Krankenschwester.

In der Zwischenzeit war Rick für einen dreimonatigen Kurs in Judaismus in einen religiösen Kibbuz gegangen.

Obwohl wir uns nicht sehr oft sahen, blieben wir in Kontakt.

1980 trat Rick mit 26 Jahren der IDF bei und wurde Fallschirmjäger in einer Einheit namens *Schaked* (Mandel). Etwa zur gleichen Zeit entschied ich mich dafür, Afula zu verlassen und meine Ausbildung in einem kleineren Krankenhaus in Poriyah, nahe dem See Genezareth, fortzusetzen. Im Jahre 1981 erhielt ich meine Lizenz als Krankenschwester. Während ich auf der Entbindungs- und gynäkologischen Station arbeitete, wohnte ich in einer der Krankenschwesterwohnungen auf dem Krankenhausgelände. Ich liebte meinen Beruf, empfand aber die ständigen Schichtwechsel als sehr herausfordernd.

18. KAPITEL

"Du bist mein allerbester Freund ..."

Rick und ich blieben die ganze Zeit in Kontakt und sahen uns gelegentlich. Zu dieser Zeit bemerkte ich, dass Rick regelmäßig anrief, und ich fragte mich, ob er plötzlich größeres Interesse an mir hatte. Da ich ein sehr beschäftigtes Leben hatte, erkannte ich nicht, dass es für ihn ein großer Aufwand war, diese Telefonate zu machen. Es gab keine Handys, und seine Einheit war ständig unterwegs. Aber ich freute mich immer, von meinem besten Freund zu hören. Einmal fragte ich ihn: „Warum rufst du so oft an?", und hoffte, eine ehrliche Antwort in Bezug auf unsere Beziehung zu erhalten. Er machte aber lediglich eine beiläufige Bemerkung.

Kurz darauf kam Rick mich in meiner Krankenschwesternwohnung besuchen. Als Gepäck hatte er einen großen Seesack dabei – er in seiner Armeeuniform, ich trug meine Krankenschwesterntracht. Ich mochte Ricks Besuche, egal ob im Haus meiner Eltern in Afula oder auf gemeinsamen Ausflügen mit Freunden. Meistens fühlten wir uns in der Gesellschaft des anderen wohl, aber dieses Mal war es anders. Er machte einen ernsteren Eindruck, so als hätte er den Kopf voll. Während er steif auf dem Stuhl saß, hatte ich es mir auf meinem schmalen Bett bequem gemacht. Rick sah mich aufmerksam an und sagte:
„Ich denke, unsere Beziehung ist ernsthafter geworden. Was denkst du?"
Ich war geschockt: Eine direkte und persönliche Frage, genau das, was ich hören wollte! Gleichzeitig kämpfte ich aber mit dem Gedan-
ken, was mit meinem Job sein würde. *Diese verrückten Schichte; wie kann ich mich beidem widmen?* „Rick", sagte ich, „Du bist mein allerbester Freund! Wir können Freunde sein."

Meiner Meinung nach zeigte das mein Vertrauen in ihn, und ich hoffte, dass dies eine Tür zu einem tieferen Gespräch öffnen würde. Zu meiner Überraschung jedoch nickte Rick und sagte: „Ich denke, ich muss gehen." Er nahm seine Tasche und ging zur Tür.

Seine Reaktion beunruhigte mich. Das war nicht Rick! Wir standen auf der Veranda meiner Wohnung, um uns voneinander zu verabschieden, da bemerkte ich den goldenen Sonnenuntergang, genau wie in den Filmen, wenn ein Typ das letzte Mal Auf Wiedersehen sagt.
„Bedeutet dies, dass du mich nicht mehr so oft anrufen wirst?", fragte ich.
Er warf den Seesack über seine Schulter und sagte: „Gibt es für mich denn einen Grund?" Er ging in den Sonnenuntergang, um eine Mitfahrgelegenheit zu seiner Armeebasis, die weit im Norden lag, zu erwischen. Verzweifelt erkannte ich, dass Rick mich missverstanden hatte. Er dachte, meine Worte bedeuteten, dass mich eine Beziehung, die über eine Freundschaft hinaus ginge, nicht interessieren würde. Mir war klar, dass, wenn ich nichts unternähme, ich jemanden verlöre, der mir sehr wertvoll war.

An den freien Wochenenden fuhr ich zuweilen zum Haus meiner Eltern oder nahm den Bus zum "Beit Emanuel", einer messianischen Jugendherberge, die in der Nähe des Strands von Tel Aviv lag. Junge Gläubige zwischen 18 und 30 Jahren trafen sich dort zu Bibellehre und Lobpreis oder einfach zum „Rumhängen".
Ich wusste, dass Rick am nächsten Wochenende dort sein würde, und bat meine Mitbewohnerin darum, mein schulterlanges Haar zu einem französischen Zopf zu flechten. Ich wählte mein bestes T-Shirt und meine beste Hose aus, packte eine Tasche zum Übernachten und fuhr nach Tel Aviv. Ich musste mit Rick reden! Ihm sagen, was ich wirklich empfand!

Rechtzeitig für die Abendversammlung kam ich an und musste sehen, wie Rick mit befreundeten Mädchen redete! Den ganzen Abend sorgte ich dafür, in seiner Nähe zu sein. Wir schlossen uns ein paar Freunden zum späten Pizza-Essen an, und ich bemerkte, dass Rick mir gegenüber zwar freundlich, aber distanziert war.

Das machte mich traurig. Als ich herausfand, dass er ein Bett im Schlafsaal des Hostels gebucht hatte, freute ich mich, das Gleiche getan zu haben. Am nächsten Morgen gab es nur ein paar Leute beim Frühstück, deshalb hatten wir eine gute Gelegenheit zum Reden.

„Ich habe heute frei", sagte Rick, „ich muss ein paar Besorgungen in der Stadt machen."

„Kann ich mitkommen?" fragte ich.

Gemeinsam nahmen wir den Bus zur Altstadt von Jaffa, zum nächsten Lizenz-Büro. Während wir in der Schlange warteten, war ich damit beschäftigt, mir zu überlegen, wann ein guter Zeitpunkt sein würde, um mit ihm zu reden. *Nicht im Bus. Nein, unmöglich, aber hier können wir auch nicht reden.* Ich entschied mich, auf den richtigen Moment zu warten.

Die Zeit verging schnell. Ich musste für meine Nachtschicht pünktlich zurück in Poriyah sein. Die Busfahrt dorthin dauerte fast drei Stunden. Als Rick mir anbot, mich zum zentralen Busbahnhof in Tel Aviv zu begleiten, ermutigte mich dies, da es sich so anfühlte, als würden wir uns wieder einander annähern. Der Weg führte über den Strand, sodass wir einen steilen Hügel von schroffen großen Felsen hinunterklettern mussten.

Voller Freude ergriff ich Ricks Hand, als er mir hinunterhalf, und ließ sie nicht los, sogar als wir den Strand erreicht hatten. Ich fühlte, dass ich ihm endlich sagen konnte, wie ich über unsere Beziehung dachte.

Wir setzten uns in den warmen Sand. An diesem frühen Herbsttag war das Wetter mild, und es wehte ein angenehmer Wind vom Meer her. Ich genoss es so sehr, mit Rick zusammen zu sein, dass ich beinahe vergaß, meine Rede zu halten. Und jetzt war es an der Zeit zu gehen, ich musste ja den Bus erreichen.

Auf der Strandpromenade setzten wir uns hin, um unsere Schuhe anzuziehen. Wir blickten beide die Sonne an, die über dem wunderschönen Mittelmeer unterging. Ich lenkte Ricks Aufmerksamkeit auf mich und verkündete ihm meine wahren Gefühle für ihn.

„Ich hoffe, du empfindest noch immer genauso für mich", fügte ich hinzu. Zu meiner Erleichterung lächelte er ein breites „Rick"-Lächeln und lachte. „Ja, tue ich! Dies ist der allerbeste Tag meines Lebens!", rief er aus.

Zusammen liefen wir zum zentralen Busbahnhof, wo er mir eine Tüte Sonnenblumensamen kaufte und einen zärtlichen Kuss gab. Und dann mussten wir uns voneinander verabschieden, ohne zu wissen, wann wir uns wiedersehen würden.

Erleichtert kehrte ich ins Krankenhaus zurück und wusste, dass unsere Beziehung geheilt war. Nicht nur das, wir hatten auch beide über unsere ernsthaften Absichten gesprochen, unsere Beziehung zu vertiefen. Ich erwartete innerhalb der nächsten Woche, etwas von Rick zu hören, aber als drei Wochen vergangen waren und ich immer noch nichts von ihm gehört hatte, begann ich mir Sorgen zu machen. *Was ist passiert?*, fragte ich mich. *Hat er es sich anders überlegt?*
Vor mir lag ein langes, freies Wochenende, daher entschied ich mich, zu meinen Eltern nach Hause zu fahren. Dort erfuhr ich dann auch, warum Rick mich nicht angerufen hatte – Israel befand sich im Krieg! Ich wusste, dass es Unruhen und Unfrieden an der libanesischen Grenze gab, aber mein Krankenschwesternleben verdrängte alles andere. So war ich mir der politischen Ereignisse gar nicht bewusst gewesen. Niemals im Leben hätte ich gedacht, dass mein Rick zum Kämpfen einberufen würde. Weil seine Einheit in den letzten Monaten Truppenübungen durchgeführt hatte, war Rick oft in den Norden gefahren und konnte mich deshalb im Krankenhaus besuchen. Zu dieser Zeit hatte er den strengen Befehl gehabt, niemandem zu erzählen, was seine Einheit an der nördlichen Grenze tat, und jetzt fand ich heraus, dass sie im Libanon waren!

Die Atmosphäre im Krankenhaus wurde ernst, ich konnte fühlen, wie die Spannung mit jedem Tag wuchs. Weil das Krankenhaus in Poriah einer begrenzten Region diente, wussten wir, dass wir wahrscheinlich keine ernsthaft verletzten Soldaten eingeliefert bekommen würden. Dennoch mussten wir uns auf Abruf bereithalten. Jede Stunde sahen oder hörten wir uns die Nachrichten an, und regelmäßig hörten wir die Hubschrauber, welche die verwundeten Soldaten in die größeren Krankenhäuser nach Afula und Haifa flogen. So oft ich konnte, traf ich mich mit anderen Gläubigen in der Gegend, wir sprachen über die Situation und beteten gemeinsam.

19. KAPITEL

"... und ich werde mit Dir überallhin gehen"

Wochen später war ich wieder im Haus meiner Eltern, als Rick anrief! Seine Stimme zu hören war so wunderbar, so begeisternd!

„Ich habe Urlaub von der Front bekommen und bin auf meinem Weg zurück in den Kibbuz", sagte er. „Mein Konvoi wird in Afula halten, also werde ich meinen Offizier fragen, ob er mich im Stadtzentrum rauslassen kann."

Während mein Vater wegfuhr, um Rick abzuholen, bereiteten meine Mutter und ich schnell etwas zu essen vor, denn Rick würde sicherlich hungrig sein. Endlich trat Rick durch die Eingangstür! Es war so toll, ihn zu sehen! Ich konnte meine Augen nicht von ihm abwenden. Glücklich und stolz dankte ich Gott für seine Bewahrung. Nach mehr als vier Wochen des Kämpfens im Libanon sah Rick wie ein wilder Mann aus. Während seiner Armeezeit hatte er viele Muskeln aufgebaut, aber jetzt sah er auch irgendwie schroff aus. Seine langen, ungekämmten Haare und der Bart waren voll von weißem Staub. Die Uniform sah aus, als hätte er sie seit vielen Tagen nicht ausgezogen. Sein Gesicht faltig – offensichtlich war er müde, aber für mich atemberaubend, wunderschön.

Wir boten ihm Essen an und versuchten hinsichtlich seiner emotionalen Bedürfnisse sensibel zu sein. Bis jetzt wussten wir nicht, was er gesehen hatte oder woran er beteiligt war. Zuerst konnte Rick nichts essen; er entschuldigte sich und saß eine Weile allein auf der Veranda und fragte dann, ob er sich duschen könne. Angekleidet mit sauberen Sachen, die mein Vater ihm gegeben hatte, entspannte er sich langsam. Meine lieben Eltern machten sich rar, um uns allein zu lassen. Wir saßen zusammen auf der Veranda und schauten in die Sterne. Ich wünschte, er müsste niemals wieder fortgehen.

Da ich noch weitere zwei Tage frei hatte, beschloss ich, mit Rick in seinen Kibbuz Ramat Hakovesh zu fahren, den ich sehr mochte. Es war wundervoll, wieder zusammen zu fahren, und wir beide fühlten einen Geist der Leichtigkeit.

Sogar Busfahren oder Trampen, eine gängige Methode des Reisens damals, bedeutete für uns Freiheit. Dies war unsere gemeinsame Zeit, und wir lebten! Für diese kurze Zeit mussten wir beide nicht unsere Uniformen tragen und waren somit frei von Verpflichtungen, deshalb beschlossen wir, das Beste daraus zu machen.

Rick wurde begeistert mit Umarmungen und breitem Lächeln von seiner Kibbuz-Familie empfangen. Moti und Ruti, die mit vielen Geschichten und Eskapaden von Rick vertraut waren, hatten gespannt die Nachrichten über den Krieg verfolgt. Der kurze Weg zum Speisesaal dauerte viel länger als normalerweise, da alle Ricks Geschichte hören oder ihre eigene erzählten wollten.

Bald wussten die meisten Kibbuzniks, dass „Rick und Dafna zusammen sind". Wir besuchten Freunde und sprachen stundenlang in seinem Zimmer. Da ich im Kibbuz übernachtete, gab Rick mir sein Zimmer, und er schlief bei Moti und Ruti. Ich respektierte Ricks feste Überzeugung, unsere Beziehung reinzuhalten, was für alle um uns herum auch ein starkes Zeugnis war.

Das nächste Mal, als Rick von der Armee nach Hause kam, hielt er um meine Hand an, und dieses Mal gab es von meiner Seite kein Zögern und keine Bedenken mehr hinsichtlich meines Jobs oder meiner Pflichten. Meine Antwort war jedoch die gleiche:
„Rick, du bist mein allerbester Freund, und ich werde mit dir überallhin gehen."

Gemeinsam sind wir buchstäblich an viele verschiedene Orte gegangen und folgten dabei immer der Führung des Herrn. Wir haben zwei wundervolle Jungs, Daniel und Yohai, aufgezogen. Und wir sind immer noch der beste Freund des anderen.

20. KAPITEL

Hochzeit, Flitterwochen und Leben im Kibbuz

Dafna und ich heirateten im Februar 1983, und der Kibbuz gab uns vier Monate Zeit für Flitterwochen.

Da meine Mutter nicht zur Hochzeit hatte kommen können, flogen wir nach Toronto, wo sie für uns eine große Party gab. Wir besuchten auch Dafnas Familie in den USA und genossen lange Flitterwochen mit einem großen Finale in Taos, wo wir Ski fuhren.

Wir reisten durch Colorado und besuchten Dafnas Onkel Max und Tante Judy, die Missionare auf Neuguinea gewesen waren. Sie hatten eine Hütte in Colorado gebaut, die den primitiven Hütten ähnelte, in denen sie während ihrer Zeit auf dem Missionsfeld gelebt hatten. Dafna kannte die Hütte aus ihrer Kindheit und bemerkte, dass ihr Onkel eine weitere gebaut hatte – eine zweistöckige Hütte. Oben befanden sich die Wohnräume und unten ein riesiger offener Raum für kirchliche oder andere Zwecke, wie Rehabilitation von Alkohol, während er in der ersten Hütte lebte.

Onkel Max hatte die Gebäude verkauft, musste aber später den Verkauf wieder rückgängig machen, da die Leute nicht gezahlt hatten. Die erste Hütte war das Zuhause einer Familie gewesen, die dort mit ihren Ziegen und Hühnern gelebt hatte, währenddessen das andere Gebäude in eine Scheune umgewandelt worden war. Erst Jahre später verstanden wir die Bedeutung dieses kleinen Besuchs in Colorado.

Nach unseren Flitterwochen kehrten wir nach Israel zurück. Dafna arbeitete zuerst im Kinderhaus des Kibbuz' und später im Kfar Saba Krankenhaus; ich arbeitete in der Bananenplantage.
Jeder wusste, dass ich vollzeitig in der Kunst und der Holzschnitzerei arbeiten wollte, und wenn der Kibbuz in der Lage gewesen wäre, einen Arbeitszweig zu schaffen, der Erträge erbrachte, dann hätten sie mir meinen Wunsch gewährt. Obwohl das nicht möglich war, gaben sie mir jedoch einen kleinen Schuppen, der in ein Studio verwandelt wurde, und schickten mich zu einem dreimonatigen Kunstkurs nach Tel Aviv. Aber auch die „Kibbuz-Künstler" mussten wie jeder andere ihren Anteil an Arbeit verrichten. Wir fühlten uns unter unseren Kibbuz-Freunden zu Hause, und sie akzeptierten uns ganz und gar.

21. KAPITEL

Wir breiten unsere Flügel aus

Eineinhalb Jahre nach unserer Hochzeit, als Dafna dabei war, ein Kibbuz-Mitglied zu werden, begann der Herr klar und deutlich hinsichtlich der Kunst als Vollzeitarbeit zu uns zu sprechen. Wir erkannten, dass, wenn wir im Kibbuz blieben, Kunst ein Hobby werden würde. Unsere zukünftigen Kinder würden Kibbuzniks werden und in einem Kinderhaus aufwachsen. Aber wir wollten sie gemäß unserem Glauben als Eltern persönlich aufziehen. Dafna und ich wussten beide, dass die Zeit gekommen war, das „beschützte" Leben, das wir so sehr mochten, zu verlassen und ins kalte Wasser des Unbekannten außerhalb des Kibbuz′ zu springen. Es fiel uns nicht leicht, unsere Freunde und „Familie" zu verlassen, da wir jeden Einzelnen im Kibbuz kannten. Außerdem standen wir vor vielen praktischen Herausforderungen: Wir mussten unsere eigene Wohnung mieten, Möbel kaufen, ein Bankkonto eröffnen, und Dafna musste unsere Mahlzeiten zubereiten.

Wir zogen auf das Land in eine Drei-Zimmer-Wohnung in Kfar Yona, nahe Netanya. Ruth und Yatzuk, israelische Freunde, lebten auch in diesem Dorf. Während Dafna weiterhin im Kfar Saba Krankenhaus arbeitete, war ich Gärtner für Familien der US-Botschaft in Kfar Shmariyahu. Jeden Tag fuhr ich auf meinem Zehn-Gänge-Fahrrad zur Arbeit. Es handelte sich um eine lohnende 70-Kilometer-Fahrt, denn sie bezahlten mich bar in US-Dollar. Zu dieser Zeit der Hyper-Inflation war ein US-Dollar ungefähr 1000 Lira.
Am Shabbat fuhren wir dann immer zu einem Hauskreis in Netanya.

Obwohl wir eines unserer Zimmer in ein Studio umgewandelt hatten, benutzte ich es nicht sehr oft, da ich als Vollzeit-Gärtner arbeitete. Erst nach der Arbeit gab es Zeit für künstlerische Kreativität. Ich wusste, dass ich mehr Übung in der Bildhauerei benötigte. Was ich brauchte, waren Grundkenntnisse, wie das Schärfen von Meißeln und welche Art von Meißeln verwendet werden musste.

"Denkst du, ich sollte zur Kunstschule gehen?", fragte ich meinen Freund Benjamin.

„In den Kunstschulen gibt es eine Menge ‚Seltsamkeiten'", warnte mich Benjamin. „Aber wenn du es für nötig ansiehst, eine Kunstschule zu besuchen, dann probiere es aus und frag den Herrn, bevor du dich entscheidest. Halte es nicht für selbstverständlich, dass du eine Kunstschule besuchen musst."

22. KAPITEL

Besuch bei den Großeltern in Toronto

Als 1985 unser erster Sohn, Daniel, geboren wurde, wollten meine Eltern ihren Enkel natürlich sehen. Sie hatten erkannt, dass es einfacher war, uns Geld für Tickets zu schicken, damit wir sechs Monate in Kanada blieben, als für sie, uns in Israel zu besuchen und in einem Hotel zu übernachten. Gemeinsam mit unserem zwei Monate alten Baby machten wir Zwischenhalt in Italien, um die Werke von Michelangelo zu studieren. Ich hatte seine Lebensgeschichte gelesen und den Film gesehen, aber jetzt sahen und erlebten wir seine bedeutenden Werke in Florenz und Rom live.

Während wir bei meinen Eltern in Toronto wohnten, erkundigte ich mich an einer regionalen Kunstschule, an der auch meine Tante studierte. Ich hörte mich um und traf ein paar Lehrer, erzählte ihnen von meinem Wunsch, die Bildhauerei zu erlernen, und dass ich lediglich technische Informationen dazu benötigte. Sie sagten, damit ich einen Abschluss in Kunst erhalten könne, müsste ich Zeichnen, die Seidenmalerei und alles mögliche andere lernen – Dinge, die ich nicht wollte und brauchte. Ich saß in einer der Klassen und sah, was sie die Studenten lehrten. Ich spürte die Atmosphäre und erinnerte mich an Benjamins Worte und wusste, dass er recht hatte: es gab dort wirklich eine Menge „Seltsamkeiten“. Außerdem musste der finanzielle Aspekt eines Schulbesuchs bedacht werden. Ich war jetzt ein verheirateter Mann mit einem kleinen Kind, und bis ich meinen Abschluss in Kunst nach vier Studienjahren erhalten würde, hätten wir 25.000 $ Schulden – und das nur, WENN ich nebenher noch arbeiten ginge.
Wenn du dich verschuldest, wirst du niemals nach Israel zurückkehren!, warnte mich der Herr. Die Antwort war eindeutig – keine Kunstschule.

Um uns während unserer Zeit in Kanada zu ernähren, hatte ich als Bus-, LKW- und Taxifahrer (als erlöster Taxifahrer!) gearbeitet und dabei genug Geld verdient, um für einen Zeitraum von weiteren sechs Monaten die Lebenskosten zu finanzieren. „Wheeltrans", ein Taxidienst in Toronto für behinderte und ältere Leute, war ein guter Job gewesen, der viele Vorteile bot, einschließlich einer Krankenversicherung.

Meine Familie dachte, ich würde so einen sicheren Job nie aufgeben und lieber ein Haus kaufen und in Toronto bleiben. Dafna und ich wussten, dass unsere Zeit in Kanada vorübergehend war und wir letztendlich nach Israel zurückkehren würden.

Wir fingen an, Bildhauerei-Ausstellungen in Toronto zu besuchen, insbesondere die Holzkunst-Ausstellungen. Wir stießen auf fantastische Kunstarbeiten von Joe Dampf, die wir besonders mochten, und erfuhren, dass er in Toronto lebt.

„Hallo, Sie kennen mich nicht", sagte ich Joe am Telefon, „aber ich habe Ihre Arbeiten gesehen, und ich mag diese sehr. Ich bin ein Bildhauer im Anfangsstadium, und ich weiß nicht wirklich etwas darüber. Gibt es eine Möglichkeit, dass wir uns treffen, zusammen Kaffee trinken und über Ihre Arbeit reden?"

"Sind Sie aus Toronto?", wollte Joe wissen.

„Nein, aus Israel."

Joe war interessiert. Er wollte mehr über Israel und den Kibbuz wissen.

„Ich möchte Sie definitiv treffen!", sagte er.

Nachdem wir uns für einen Kaffee getroffen hatten, nahm Joe mich mit zu sich nach Hause und zeigte mir den gesamten Prozess, von der Idee bis zum vollendeten Produkt.

„Ich unterrichte eine Klasse in der Abendschule", sagte Joe. „Du kannst gern an diesem Unterricht teilnehmen, aber davon abgesehen können wir uns immer zwischendurch treffen, wenn ich Zeit habe."

Joe und ich bauten eine echte Beziehung zueinander auf, und ich konnte ihn alles fragen, egal ob am Telefon, während des Kaffeetrinkens oder in der Kunstklasse. Ich stellte nicht nur viele Fragen, sondern ich brauchte auch praktische Erfahrungen, eine Art Ausbildung.

Als Joe mich lehrte, wie man mit Ton arbeitet, war das erste Werk, das ich fertigstellte, ein Porträt meines Vaters, das ich in den Ton einritzte und dann brannte. Allerdings mochte ich zuerst dieses schmutzige Material und das Gefühl des Tons nicht, da ich es so sehr gewohnt war, mit hartem Holz zu arbeiten.

In den zehn Monaten, die wir in Toronto verbrachten, trafen Joe und ich uns regelmäßig.

Er lehrte mich, eine Form und dann einen Gipsabdruck zu machen, und wie man das gleiche Verfugungssystem wie Michelangelo verwendete, um die Information vom Modell auf den Stein zu übertragen.

Ich hatte ein bisschen Ahnung von dieser Arbeitsweise, wusste aber nicht, wie man die Technik umsetzte, bis Joe es mir zeigte. Zu diesem Zeitpunkt wusste ich, dass ich eine Menge gelernt hatte und es an der Zeit war, allein zu arbeiten. Aber wie? Und wo?

23. KAPITEL

Von der Seehütte zum Häuschen
in den Colorado Mountains

Meinen Eltern gehörte eine kleine Seehütte in Nord-Ontario, und wir fragten meinen Vater, ob wir dort für eine Zeit bleiben könnten. Die Zeit war gekommen, um herauszufinden, ob das Leben eines Vollzeit-Künstlers etwas für mich sein würde oder nicht. Bis zu diesem Zeitpunkt hatte ich hier und dort modelliert, für kurze Zeiträume, mit einem Job nebenbei, aber niemals war es mir möglich gewesen, tagelang am Stück zu arbeiten. *Werden mir die Ideen ausgehen?*, fragte ich mich. *Wird es langweilig werden? Wird uns das Geld ausgehen?* Dies würde uns zeigen, ob mein Leben als Künstler wirklich von Gott oder nur mein eigener Wunsch war.

Bei Anbruch des Frühlings zogen wir in das Landhaus, und das Bootshaus wurde mein Studio. Zu dieser Zeit begann das Eis zu tauen; wir hatten geplant, bis in den späten Herbst dort zu bleiben, bis zum Anfang des Winters.

Von dem Moment an, als ich begann, im Studio nahe dem See zu arbeiten, strömten mir die Ideen einfach nur so zu. Es kamen neue und immer weitere Einfälle, und bald hatte ich einen stetigen Arbeitsrhythmus entwickelt. Allerdings war ich nicht länger ein Single mit unbegrenzter Zeit, sondern ein Ehemann und Vater eines kleinen Sohnes.

Der Abstand zwischen dem Landhaus und dem Studio war zu weit zum Rufen; deshalb kündete Dafna das Mittagessen an, indem sie in ein Elchhorn blies. Inmitten eines Kunstprojekts zu sein und dann plötzlich das Geräusch zu hören, welches verkündete, dass das Mittagessen fertig war, erstaunte mich.

Ich lief zum Haus, sah meine geliebte Frau und meinen geliebten Sohn und betrat eine andere Welt – eine geordnete Welt. Es war so ein Riesenunterschied zu meinem Studio, aus dem ich gerade weggegangen war – dort herrschte Chaos, Holzhackschnitzel lagen überall und all die teilweise fertiggestellten Werke.

Dieser Wechsel zwischen meiner kreativen Welt und dem geordneten Zuhause half mir dabei, meinen Verstand zu behalten – was für einen Künstler sehr wichtig ist. Die Beständigkeit zu Hause schürt die kreativen Säfte an, und die Verbindung zu einem normalen Leben schafft das dringend notwendige Gleichgewicht.

Im Laufe der Jahre habe ich viele Künstler getroffen, die zusammengebrochen und ausgebrannt waren, da ihnen dieses Gleichgewicht fehlte. Oftmals sind sie (mehrere Male) geschieden oder leben nur so mit jemandem zusammen. Die meisten (nicht gläubigen) Künstler haben instabile Beziehungen und können mit der „normalen" Welt nicht umgehen. Da sie nicht in der Lage sind, Entspannung in ihrer chaotischen Welt zu finden, missbrauchen sie Drogen oder Alkohol, um dem massiven Chaos in ihrem Leben zu entfliehen. Mit Dafna, der jungen beschäftigten Mutter, war ich sehr gesegnet. Mit ihr konnte ich interessante Gespräche beim Mittagessen haben, bis ich ins Studio zurückkehrte. Daniel liebte es, auf der Veranda zu stehen und mit lauter Stimme zu schreien. Es störte niemanden, weil wir dort oben völlig allein waren.

Die sechs Monate vergingen sehr schnell, und sechs vollendete Kunstwerke bezeugten, dass ich als Vollzeit-Künstler arbeiten konnte. Es war ein wunderbares Gefühl!

Aber was sollten wir als Nächstes machen? Wo sollten wir während des Winters leben?

„Was hältst du von der Hütte deines Onkels in Colorado?", fragte ich meine Frau.

„Ich denke, er versucht sie zu verkaufen", sagte Dafna.

Ich rief Onkel Max an, und er erzählte mir, dass er immer noch beabsichtige, diese beiden Hütten zu verkaufen. Während ich versuchte, mich mit ihm zu einigen, kämpfte Dafna mit dem Gedanken, dorthin zu ziehen. Sie wusste, dass es schwer werden würde, in dieser Region zu leben. Fünf Tage lang betete sie und dachte über diesen Umzug nach, dann sagte sie dem Herrn: „Wenn es Dein Wille ist, werde ich es tun."

Es stellte sich als Sein Wille heraus, und es war Zeit zu packen und nach Colorado zu ziehen!

Zunächst ging ich wieder arbeiten, damit wir die nötigen Finanzen hatten, um nach Colorado zu ziehen. Dafna und Daniel wohnten derweil bei der Familie ihres Bruders in Colorado Springs, bis ich mit dem Anhänger und unserem Hab und Gut zu ihnen fuhr. Das Saubermachen und Renovieren war ein großes Unternehmen, da in der zweistöckigen Hütte seit Jahren niemand gewohnt hatte. Ein Abbruchunternehmen stellte uns günstiges Material zur Verfügung, damit wir das obere Stockwerk sanieren konnten, denn dort wollten wir wohnen. Das Untergeschoss sollte eine Werkstatt werden. Eine Landstraße führte in die Kleinstadt, wo es Geschäfte und eine Bibliothek gab. Erfreulicherweise konnten wir uns dort auch mit ein paar Leuten anfreunden. In Colorado stießen wir zufällig auf eine Bronzegießerei. Wie immer fing ich an, alle möglichen Fragen zu stellen. Ihre Reaktion überraschte mich.

„Wer sind Sie?" Sie musterten mich misstrauisch. "Wir kennen Sie nicht." Bald stellte ich fest, dass Gießer weder die Zeit noch die Geduld hatten, sich mit beginnenden Künstlern zu beschäftigen.

Es war mein Wunsch, mit Bronze zu arbeiten, aber ich brauchte jemanden, der sich von meinen Fragen nicht abschrecken ließ und willens war, mir zu zeigen, wie man mit diesem kostbaren Material arbeitet. Ich betete weiter, dass der Herr mich eines Tages zum richtigen Mann führen würde.

24. KAPITEL

Vertrauen und Gehorchen lernen

Colorado und Toronto waren ein guter Lernprozess gewesen, aber nun war es an der Zeit, nach Israel zurückzukehren. Daniel war jetzt vier Jahre alt. Wir mieteten eine schöne Wohnung, die genug Platz für uns als Familie und ein Studio bot. Der Herr begann zu uns zu reden, dass in dem vor uns liegenden Zeitraum die Abhängigkeit von Ihm und unbedingter Gehorsam eine entscheidende Rolle spielen müssen. Zwei schwerwiegende Punkte nannte Er: „Dafna darf nicht als Krankenschwester arbeiten, und du sollst deine Bedürfnisse niemandem kundtun!" Um unseren Teil der göttlichen Direktive einzuhalten, lebten Dafna und ich so sparsam wie möglich.

Dieses Leben im Glauben zu lernen, war ein schrittweiser Prozess. Die meisten Leute glauben nicht, dass jemand vollzeitig als Künstler arbeiten und davon leben kann, deshalb war dies eine doppelte Herausforderung. Es schien so, dass jedes Mal, wenn unser Bankkonto beinahe bei null war, wir entweder ein Kunstwerk verkauften oder Geld für einen Auftrag erhielten. Da wir wussten, wie viel Geld wir monatlich zum Leben brauchten, ließ sich berechnen, wie viele zusätzliche Monate wir von einem großen Auftrag leben und darüber hinaus noch etwas mehr finanziellen Spielraum haben konnten.

Als wieder einmal unser Bankkonto fast bei null lag, besuchte uns Julie, eine Freundin aus Colorado. Sie hatte eine Skulptur gekauft und schuldete uns noch 300 $. Wir wussten, dass einige Rechnungen fällig waren, deshalb wurden Dafna und ich ein bisschen nervös, denn wir wussten nicht, wie wir sie bezahlen sollten, versicherten uns aber gegenseitig: „Es ist zwar der letzte Moment, aber Julie kommt! Sie schuldet uns 300 $!" Zu jener Zeit konnte solch ein Geldbetrag nicht nur all unsere Rechnungen begleichen, sondern gab uns sogar noch Luft für ein paar weitere Wochen.

Ich borgte mir den "gemeinschaftlichen" Kleinbus von der Gemeinde, um Julie vom zentralen Busbahnhof in Netanya abzuholen. Sie segnete uns mit einer Tüte voller toller Sachen wie Zahnpasta und Köstlichkeiten aus den Staaten.

Wir aßen zusammen Mittag und genossen die Gemeinschaft. Ich fragte mich aber die ganze Zeit: „Herr, soll ich sie an die 300 $ erinnern? Soll ich das Geld ansprechen?" Und jedes Mal fühlte ich: „Sag kein Wort!" Dies war total hart für mich. „Herr!", flehte ich, „ich BITTE Julie nicht um Geld, sondern Julie SCHULDET uns diese ‚riesige' Summe, die wir gerade jetzt so verzweifelt brauchen!"

Obwohl ich mein Bestes gab, um den Besuch zu genießen, drehten sich meine Gedanken die ganze Zeit um die Frage: *Wird sie uns das Geld geben oder nicht?*

Als es Zeit war, Julie zurück zum zentralen Busbahnhof zu bringen, war ich beinahe außer mir. „Herr, es ist genug!", seufzte ich innerlich. „Ich habe nichts zu Julie gesagt. Komm schon! Sie fährt weg!"

Es war an der Zeit, sich zu verabschieden. Während ich im Kleinbus wartete, brachte Dafna Julie zum richtigen Bahnsteig. Zu diesem Zeitpunkt hatte ich gewissermaßen akzeptiert, das Geld von ihr jetzt nicht zu bekommen, auf der anderen Seite hoffte ich eigentlich noch, dass sie im letzten Moment die 300 $ (und vielleicht sogar mehr) Dafna zustecken würde und dass alles vorbei wäre.

Als Dafna zurück zum Kleinbus kam, bemühte ich mich sehr darum, kontrolliert zu klingen: „Also? Hat sie dir das Geld gegeben?"

"Nein. Hat sie nicht!", sagte Dafna. "Sie hat es noch nicht einmal angesprochen!"

„Wow! Was geschieht hier, Herr?", rief ich.

Wir sahen uns beide an und dachten: *Okay, das ist wirklich hart, Herr!* Wir beteten daraufhin und bemühten uns, nicht verwirrt zu sein, was uns aber nicht recht gelang.

Zu Hause sprachen wir über die finanzielle Herausforderung und versuchten, uns gegenseitig zu ermutigen. Als wir ins Bett gingen, hatten wir keine Idee, wie wir diese schwierige Situation lösen könnten.

Direkt am nächsten Tag, der ein ganz normaler Tag zu sein schien, erhielten wir einen Brief mit der Post von einer Kirche in North Carolina. Art Carlson, ein alter Freund von uns, war Pastor in einer Kirche dort, aber wir hatten ihn weder gesehen noch waren wir in den letzten sechs bis sieben Monaten mit ihm in Kontakt gewesen.

Als wir den Umschlag von der Grace Church öffneten, befand sich darin ein Scheck für uns mit dem Betrag von 300 $. Keine Nachricht, kein Brief, nur der Scheck mit dem gleichen Geldbetrag, den Julie uns schuldete.

Ich schrieb Art einen Brief und fragte ihn, warum er uns das Geld geschickt hatte. Ein paar Wochen später kam die Antwort: „Mir schien, dass der Herr wollte, dass ich euch diesen Geldbetrag schicke."

Die wundersame Art, in der der Herr für uns sorgte, wurde zu einem Grundstein für uns. Wir verstanden, dass durch die Lektion mit Julie der Herr wollte, dass wir an den Prinzipien, die Er uns gezeigt hatte, festhielten. Die Tatsache, uns nicht sorgen zu müssen, woher das Geld kommen würde, gab uns ein Gefühl der Freiheit, Entscheidungen basierend auf Vertrauen zu treffen – und nicht in erster Linie aufgrund von Finanzen.

Dieses Prinzip sollte mir später die Möglichkeit geben, als Gießereilehrling ein Jahr lang ohne Gehalt zu arbeiten – in dem Wissen, dass der Herr für all unsere Bedürfnisse sorgen würde. Innerhalb dieses Jahres lernte ich den gesamten Prozess des Bronzegusses vom Anfang bis zum Ende, und der Herr sorgte für uns.

Während wir lernten, in Gehorsam auf dem Gebiet der Finanzen zu leben, bemerkten wir, dass dies manchmal Spannungen mit anderen Gläubigen erzeugte. Manche konnten offenbar das Reden des Herrn nicht akzeptieren, dass wir niemandem unsere Bedürfnisse mitteilen sollten.

„Du hast eine sehr arrogante Einstellung", sagte mir ein Bruder im Herrn. „Du musst deine Bedürfnisse kundtun, damit andere Leute dir geben können. Du bist nicht demütig genug, das ist es."

„Wenn dir der Herr sagt, dass du Briefe verschicken sollst, in denen du um Unterstützung bittest, ist das okay", sagte ich den Leuten oft. „Aber verurteile andere nicht, denen aufgetragen wurde, anders zu handeln."

Als ich noch jung im Glauben war, las ich Bücher über Hudson Taylor und Georg Müller. Das Buch über Reese Howels hatte ich ungefähr zwanzig Mal gelesen. Diese wundervollen Bücher lehrten mich, wie diese großartigen Männer Gott vertrauten, dass Er für die Bedürfnisse ihrer von Gott gegebenen Dienste sorgen würde.

Meine Freunde Benjamin und Art Carlson hatten mir ebenfalls die Wichtigkeit der richtigen Beziehung zum Geld im Königreich Gottes beigebracht.

25. KAPITEL

Der Gießereilehrling

Schließlich, nach unserer Rückkehr nach Israel, frischten wir unsere Freundschaft zu Yatzuk aus Kfar Yona wieder auf. Als ich ihm von meiner enttäuschenden Begegnung mit den Männern der Bronzegießerei in Colorado erzählte, sagte er: „Mein bester Freund hat eine Gießerei in seinem Hof."

„Du hast mir nie von diesem Freund erzählt", entgegnete ich. „Oh! Ich würde mich gern mit ihm treffen!"

Dani Jakobi und ich hatten sofort einen guten Draht zueinander.

„Kannst du mir alles zeigen, was ich über Bronze wissen muss?", fragte ich ihn.

„Wirst du mich alles lehren?"

Als Dani dann jemanden brauchte, der ihm in der Gießerei half, diesem allerdings keinen Lohn zahlen konnte, bot ich ihm meine Hilfe für ein Jahr kostenlos an. In den ungefähr eineinhalb Jahren, die ich mit Dani arbeitete, lernte ich Formen und Wachse zu machen und Bronze zu gießen. Weil ich bei ihm arbeitete, ohne ein Gehalt zu bekommen, ließ mich Dani meine ersten Bronzestücke kostenlos gießen. Durch das Schaffen kleinerer Arbeiten lernte ich das Bronzeverfahren zusammen mit dessen kreativer Seite kennen. Aber das Wichtigste von allem war, dass der Herr in dieser Zeit Seine Lektion hinsichtlich der Finanzen untermauerte.

Aus künstlerischer Sicht war das Wichtigste, was ich während dieser Zeit lernte, dass ich mir keine Sorgen darum zu machen brauchte, ob eine Arbeit sich verkaufen würde oder ob diese sich vermarkten ließe oder nicht. Alles, was ich tun musste, war, auf das zu reagieren, was der Herr mir zeigte, dass ich es machen sollte, und Er kümmerte sich um den Rest.

Yohai, unser zweiter Sohn, wurde 1990 geboren. Daniel war ins Kindergartenalter gekommen, aber wir wollten ihn nicht in einen öffentlichen Gan (Kindergarten) in Netanya schicken.

Als wir hörten, dass es eine gute Schule in Tiberias gab, fragten wir Dafnas Eltern, ob wir ihre Wohnung in Afula mieten könnten, da sie in den USA waren. Sie hatten nichts dagegen, und wir mussten nur eine minimale Miete für die Wohnung in Givat haMoreh bezahlen.

Zu dieser Zeit besaßen wir ein kleines Auto, also fuhr ich Daniel jeden Morgen bis zu einer bestimmten Kreuzung, von der er den Schulbus nahm, dann fuhr ich nach Hause und arbeitete an einem Projekt und fuhr 13:00 Uhr zurück, um ihn abzuholen. Es war keine ideale Lösung, aber die beste, die wir zu dieser Zeit hatten.

26. KAPITEL

Rückkehr in die Colorado Mountains

Als wir Colorado das erste Mal verließen, hatten wir eine geschäftliche Vereinbarung mit Dafnas Onkel Max bezüglich der Hütten getroffen. Er schuldete uns ein bisschen Geld für die Renovierungen. Da er es uns in bar nicht zurückzahlen konnte, gab er uns eine der Hütten und behielt für sich die saubere, renovierte. Wir waren nach Israel mit nicht viel Geld zurückgekommen, besaßen aber eine der Hütten.

Kurz vor dem Ausbruch des Golfkriegs Ende 1990 hatte Onkel Max uns angerufen, um uns darüber zu informieren, dass er seine Hütte verkaufen würde und er einen Partnerschaftsvertrag mit den neuen Besitzern machen müsse. Zwei Wochen später flogen wir für einen Besuch nach Toronto, und von dort aus fuhren wir nach Colorado, um den Vertrag abzuschließen.

In unsere Hütte musste sehr viel Arbeit gesteckt werden, deshalb blieben wir und fingen an, sie zu reparieren – in der Hoffnung, dass das Paar, das die Hütte von Max gekauft hatte, später auch unsere kaufen würde. Dies geschah letztendlich genau so, aber erst einmal blieben wir für fast drei weitere Jahre dort.

Dieses Mal begannen wir in Colorado zu lernen, wie man die Kunstwerke dem Publikum präsentiert. Jeder Zeitraum lehrte uns einen anderen Aspekt der Arbeit.

Die Fundamente für die Bildhauerei und das Holzschnitzen begannen im Kibbuz. Joe Dampf war mein Tutor in Toronto gewesen, wo ich den Prozess des Modellierens in Ton begann und diesen dann auf das Holzschnitzen übertrug. Das Landhaus in Nordkanada begründete einen Lebensstil.

Während unserer ersten Zeit in Colorado lernte ich Anatomie und das Meißeln in Stein und begann, mich für Bronze zu interessieren. Wieder zurück in Israel begann ich, mit Dani in Bronze zu arbeiten. Das zweite Mal in Colorado lehrte uns, wie man die Werke richtig präsentiert.

Jetzt begann ein weiteres Abenteuer. Wir packten die Familie zusammen mit allen Kunstwerken in einen sehr alten Dodge Kleinbus und fingen an, Kirchen zu besuchen, von denen wir eingeladen waren.
Meistens erhielten wir die Einladung, weil wir Künstler waren oder weil wir aus Israel kamen oder aufgrund der Kombination von Israel und Kunst.
Diese Erfahrung lehrte uns, wie wir die Skulpturen ausstellen, zeigen und schließlich verkaufen konnten. Im Laufe der Zeit entwarfen wir Stände und fanden einen guten Weg, alles in den Kleinbus zu packen.
Oftmals mussten wir tagelang fahren, um den Platz für die Ausstellung zu erreichen. Ich verwandelte den Kleinbus in ein Mini-Wohnmobil: das hölzerne Podest hinten wurde unser Bett, und hinter dem Fahrersitz waren zwei gegenüberliegende Bänke mit einem Tisch dazwischen. Nach dem Essen, gegen 19:00 Uhr, wurden der Tisch heruntergeklappt, Matratzen daraufgelegt und die Jungen zu Bett gebracht. Dafna und ich fuhren so lange weiter, bis es Zeit war anzuhalten, und dann gingen wir im hinteren Teil des Kleinbusses schlafen.
In diesem Zeitraum lernten wir auch, wie man mit Menschen umgeht, was ja eine Kunst für sich ist, und insbesondere, wie wir reagieren sollten, wenn jemand Interesse zeigte.

Allmählich fingen wir auch an, schriftliche Erläuterungen zu verwenden, die erklärten, was ich spürte, das der Herr mir sagte, während ich ein bestimmtes Kunstwerk gestaltete.
Dies wurde ein sehr starker und entscheidender Teil der Präsentation unserer Arbeit.
Zu dieser Zeit begann ich Formen mithilfe des Verfahrens zu machen, das ich von Dani gelernt hatte. Meine ersten Reproduktionsstücke wurden auf Kunstausstellungen verkauft. Von Colorado aus unternahmen wir sehr viele Fahrten mit dem Kleinbus nach Vancouver, Kanada, und oft auch nach North Carolina. In der Grace Church bauten wir besondere Beziehungen zu den Leuten und Pastor Art Carlson auf.

Obwohl wir wussten, dass eine kleine Bronzefigur für ungefähr 2000 $ verkauft werden konnte, war uns klar, dass die meisten Leute, die unsere Ausstellungen besuchten, sich das niemals hätten leisten können. Aber 200 $ könnten sie sich vielleicht leisten.

Deshalb entwickelten wir nach vielen Experimenten eine Methode, bei der wir dieselbe Bronzeform verwendeten, um ein hochwertiges, aber bezahlbares Kunststeinwerk zu gestalten.

In der Berghütte in Colorado lebten wir immer von dem, was wir gerade hatten. Obwohl der Herr uns oft bei einem Kontostand von „0" ließ, hatten wir immer genug für das, was wir brauchten. Erfreulicherweise gab es keine Probleme damit, die Kunstwerke zu verkaufen. Allmählich begannen wir, ein Muster zu erkennen: Ich verkaufte ein Kunstwerk, erhielt mehr Geld, als wir gerade brauchten, aber dann entstanden unerwartete Kosten, für die wir dieses Extrageld benötigten.
Wir verkauften zwar jetzt öfter Arbeiten, aber der Herr wollte uns noch immer Seine Versorgung zeigen. Unsere Gebete an den Herrn verstärkten sich, sobald unser Bankkonto Richtung null ging. Wir hatten geplant, Dafnas Bruder, der in Colorado Springs lebte, zu besuchen, was eine zweistündige Fahrt von unserem damaligen Zuhause bedeutete. Uns war klar, dass wir genug Benzin hatten, um dorthin zu fahren, aber kein Geld, um Benzin für den Rückweg zu kaufen. Dies war ein „Benzin-Prinzip" in unserem Leben auf der Straße geworden. Wenn wir spürten, dass der Herr uns auftrug, mit den Kunstwerken irgendwohin zu fahren, und wir genug Benzin hatten, um dorthin zu gelangen, dann vertrauten wir auf Ihn, dass Er sich um das nötige Benzin für den Rückweg kümmern würde, also fuhren wir nach Colorado Springs.

Wir verließen das Haus ein bisschen gestresst und nervös und fragten uns, woher wir das Geld bekommen würden. Auch wenn der Herr uns so oft versorgt hatte, sogar im letzten Augenblick, waren wir dennoch unruhig. Unser Briefkasten lag zwei Meilen von unserem Haus entfernt auf der Landstraße, also hielten wir, um zu sehen, ob es irgendwelche Post für uns gab. Zu unserem Erstaunen lag ein Brief von einer Person aus New Orleans im Briefkasten – mit einem Check über 1500 $! Wir lasen die beigefügten Zeilen der Absenderin, die wir nicht kannten:
„Vor ein paar Wochen war ich bei einem Frauentreffen in meiner Kirche. Ich traf eine Frau, die vor über einem Jahr in Israel gewesen ist und ein paar Bilder von Ihren Skulpturen gemacht hatte. Sie hatte diese dabei und zeigte sie mir.

Kopie der lebensgroßen Skulptur "Fürbitte" in der Southern Wesleyan University Central, South Carolina, USA. Jesus befindet sich im Zentrum; Der männliche Student zur Rechten verkörpert Bildung durch Theorie; die weibliche Studentin verkörpert Lernen durch Erfahrung. Die ganze Bildung ist menschliche Eitelkeit, ohne sich an Jesus und Seine Fürbitte für jeden von uns zu lehnen oder darauf angewiesen zu sein.

Sie beeindruckten mich so sehr, dass ich zwei kaufen musste. Bitte nehmen Sie diesen Scheck als Anzahlung an."

Dafna und ich waren verblüfft, nur wenige Minuten vorher hatten wir nach Kleingeld gesucht, um das Benzin zu bezahlen, dann aber beschlossen, dem Herrn zu vertrauen, und jetzt hielten wir einen Check über 1500 $ in den Händen. Gründliche Detektivarbeit hatte die Frau geleistet, unsere Adresse in Colorado herauszufinden. Und dieser Scheck, von einer völlig fremden Person geschickt, fand seinen Weg zu unserer abgelegenen Adresse in genau dem Moment, in dem wir ihn brauchten!

Das Paar, das die Hütte von Max gekauft hatte, war jetzt auch an unserer interessiert. Wir wussten, dass es richtig ist, nun nach Israel zurückzukehren. Unser Aufenthalt in Colorado ging zu Ende. Wir hatten eine Menge gelernt, aber jetzt war es an der Zeit, nach Hause zu fahren. Aber wo würden wir dort leben?

Diese Entscheidung wurde zu einem wichtigen Wendepunkt, der den Rest unseres Lebens beeinflussen würde.

Dafnas Eltern waren während unserer Colorado-Zeit in eine Siedlung in Nord-Samaria gezogen. Siedlungen sind in Israel schon immer ein spaltendes Thema gewesen. Die Siedlerbewegung schien extreme Persönlichkeiten anzuziehen, was irgendwie auf Joe und Sarah, Dafnas Eltern, zutraf. „Gefährlich!", sagten Dafna und ich, als wir von ihren „Pionier"-Plänen hörten. Wir dachten, dass es verrückt sei, fokussierten uns aber auf das Packen, damit wir umziehen konnten. *Der Herr wird uns zeigen, wo wir leben sollen, wenn wir da sind.*

Als wir in Israel ankamen, holten uns Dafnas Eltern vom Flughafen ab und fuhren uns zu ihrem Haus in Cadim.

„Warum mietet ihr nicht etwas in Cadim?", schlugen sie vor. „Die Mieten hier sind billig, und auf diese Weise habt ihr Zeit, euch nach einem Platz im Land umzusehen, an dem ihr dauerhaft wohnen wollt."

Ich hatte darüber nachgedacht, in Jerusalem oder Tiberias zu leben; nach Cadim zu ziehen, gab uns mehr Zeit zum Suchen. Wir beschlossen, dass dies ein guter Platz zum Bleiben sei – wenigstens für eine Weile.

27. KAPITEL

Fürbitte in Samaria

Cadim lag fünfhundert Meter von Jenin entfernt, einer palästinensischen Stadt mit fünfzigtausend Einwohnern in Nord-Samaria; die Siedlung war aufgebaut worden, damit es jüdische Präsenz in diesem Gebiet gäbe. Von einigen „besetzte Gebiete", von anderen „Westbank" genannt, ist und bleibt dieses biblische Kernland ein umstrittener Teil Israels. Hoch oben auf einem Hügel am südlichen Ende des Jezreel-Tals gelegen, wohnten in Cadim ungefähr einhundertzwanzig Leute. Mit dem Bau von Siedlungen bezweckte die Regierung, eine eindeutige jüdische Präsenz zu schaffen, wenn die kleinen Dörfer letztendlich zu großen Städten heranwachsen würden. Auch wenn wir dachten, dass Dafnas Eltern verrückt waren, dorthin zu ziehen, betrachteten meine Schwiegereltern diesen Schritt nicht als unnormal und wurden von der Siedlung aufgenommen.

Bevor wir nach Israel zurückkehrten, bat ich den Herrn darum, dass der erste Platz, zu dem wir kämen, der Platz sei, an dem wir bleiben könnten. Aber da unsere beiden Jungs ihre Großeltern so lange nicht gesehen hatten, entschlossen wir uns, direkt nach Cadim zu gehen. Es wäre nur für eine kurze Zeit, und wenigstens hätten wir eine günstige Miete. So beschlossen wir, während wir dort wohnen würden, nach dem „richtigen" Ort zum Leben zu suchen.
Wir hatten unsere Wohnungen immer gemietet, und weil wir wussten, dass Umzüge ein großer Aufwand sind, hätten wir Cadim niemals in Erwägung gezogen, geschweige denn, lange dort zu bleiben. Abgesehen davon brachte das Leben in einer Siedlung ein Stigma mit sich, da die „Siedler" als rechte, Pistolen schwingende und widerliche Leute betrachtet wurden. Ich wollte nicht mit ihnen identifiziert werden.

Gläubige an Jesus zu sein, die versuchten, Ihn durch Kunst zu übermitteln, in einem Land, dem es schwerfällt zu verstehen, wer Er ist, war bereits kontrovers genug.

„Lass uns für ein paar Monate in Cadim bleiben, bis wir den richtigen
Platz zum Leben gefunden haben", beschlossen wir also.
Eine Zeit der Wohnungssuche begann. Wir besichtigten mehrere Wohnungen in Jerusalem, nichts fühlte sich richtig an. Dann versuchte ich
es an anderen Orten, hatte aber niemals den Eindruck, dass es der
richtige Platz sei. In der Zwischenzeit schlossen unsere Jungs Freund-
schaften mit einigen Kindern in der Siedlung. Dafnas älterer Bruder,
der zu dieser Zeit im Land arbeitete, lebte auch mit seiner Familie
dort, also wäre es für die Jungs schön, ihre Cousins in der Nähe zu haben. Da die Dinge ein bisschen länger dauerten als erwartet, beschlossen wir, die Jungs in der Schule anzumelden.
Dennoch weigerte ich mich innerlich, dort zu sein, trotz der Tatsache,
dass Dafna in gutem Kontakt zu den Frauen in Cadim stand und wir
uns langsam daran gewöhnten, hier zu leben.

Eines der Schlafzimmer des kleinen Hauses wurde meine Werkstatt.
Darin gestalteten wir die Buntglasfenster, die sich jetzt in der Christ
Church in Jerusalem befinden. In der Zeit, als wir in Kfar Yona lebten
und ich als Gärtner gearbeitet hatte, traf ich einen Künstler der Glasmalerei, der mich lehrte, mit diesem Material zu arbeiten. Das kleine
vom Schlafzimmer in ein Studio verwandelte Zimmer wurde zur Glas-
Werkstatt. Ich unterwies auch Dafna in dieser Kunst, und von da an
machte ich das Design und sie schnitt die Glasteile zurecht. Jedoch war
die Glasmalerei immer etwas, das ich nebenbei tat, und nichts, das ich
aktiv betrieb.

Eines Tages ging ich zu meinen Schwiegereltern. Während des zehn-
minütigen Spaziergangs von einem Ende der Siedlung zum anderen lief
ich an einem leerstehenden Haus vorbei. Es war von der Siedlung gebaut worden und sollte bald an ein junges israelisches Paar verkauft
werden. „Du sollst dieses Haus kaufen!", sagte mir der Herr, als ich
daran vorbeikam. Dieser klare, abrupte Gedanke schien aus dem Nirgendwo zu kommen. Ich wies diese Idee sofort zurück und ging weiter.

Aber immer wieder kamen mir die Worte in den Sinn: „Ich will, dass
du dieses Haus kaufst!" Mir gefiel diese Vorstellung überhaupt nicht,
und ich versuchte sie zu ignorieren.

Cadim in Samaria (Schomron)

Doch als Nachfolger Jesu musste ich eine Bestätigung erhalten, ob dies von Gott war oder nicht. Ich erzählte Dafna, was ich gehört hatte. So beteten wir zusammen, und ich begann zu fasten und den Herrn zu suchen, damit Er mir sagen konnte, was wir tun sollten. Denn der Kauf eines Hauses brachte viele Konsequenzen mit sich.

Erstens würde dies bedeuten, dass wir Mitglieder von Cadim werden würden; zweitens würde es aufgrund der begrenzten Möglichkeiten potenzieller Käufer vermutlich finanzielle Einbußen geben, falls wir es wieder verkaufen wollten. Wir hatten noch nie zuvor ein Haus gekauft, und ich wusste ganz sicher, dass ich nicht in einer Siedlung leben wollte. Obwohl dies gute Gründe waren, hielt dieser lästige Gedanke an.

Die Erfahrung hatte uns gelehrt, dass ich mir manchmal schon deshalb sicher sein konnte, dass etwas Gottes Wille ist, wenn mein Wille sehr dagegen war. In diesem Fall wusste ich, dass es sich nicht um meine eigene Idee handelte, deshalb war es möglich, dass diese Idee von Gott stammte.
„Ich werde alles tun, was Du mir aufträgst zu tun, Herr, aber ich muss mir sicher sein, dass diese Idee von Dir stammt", versprach ich.
Dafna und ich beteten und fasteten weiter, und wie Gideon legten wir verschiedene Vliese aus. Während wir uns mit der Entscheidung quälten, zeigte Gott uns weiterhin, dass Er von uns erwartete, dieses Haus zu kaufen!

Aber was war mit dem anderen Paar, das gerade dabei war, das Haus zu kaufen? Gott kümmerte sich um dieses Problem, denn zur großen Überraschung aller Beteiligten stieg das Paar aus, und niemand hörte je wieder von ihnen. Das Haus stand also erneut zum Verkauf. Natürlich waren die Siedlungsmitglieder von dieser Wendung der Ereignisse überrascht, aber für uns war es eine weitere Bestätigung, dass wir das Haus kaufen sollten.

Trotz alledem waren wir uns immer noch nicht völlig sicher, dass die Idee des Hauskaufs von Gott stammte, deshalb beschlossen wir, dem Sekretariat der Siedlung von unserem Glauben an Jesus zu erzählen.

Obwohl der Verwalter wusste, dass wir keine Juden sind, wollte ich, dass er über unseren Glauben Bescheid weiß; damit, falls wir uns dafür entschieden, in der Siedlung zu leben, später niemand behaupten könnte, wir hätten nichts gesagt. Insgeheim hoffte ich, er würde erzürnt sein, wenn er erführe, dass wir an Jesus glauben, und uns vielleicht sagen, dass wir fortziehen müssten oder nur ein Haus mieten, aber keines kaufen könnten. Das würde mir sehr gut passen.

„Ihr könnt glauben, an was ihr wollt", sagte er. „Wir wollen euch hier."

Ich war verblüfft.

Dafna war recht zufrieden damit, in einer Siedlung zu leben; unser Bleiben machte ihr nichts aus. Nachdem wir mehr als ein Jahr in Cadim gelebt hatten, wollte sie nicht, dass die Jungs noch einmal umziehen mussten.

„Warum möchtest Du, dass wir hier leben, Herr?", betete ich.

„Das ist Fürbitte", antwortete Er mir. Es war ein Wort, das ich nicht völlig verstand. Freunde von uns bezeichneten sich selbst als Fürbitter, und manche druckten das Wort sogar auf ihre Visitenkarten. Sie erzählten mir von den vielen Stunden, die sie für ein bestimmtes Problem oder über einem Thema gebetet hatten, aber ich konnte mir das für mich selbst nicht vorstellen. „Dein Gehorsam Mir gegenüber wird ein Akt der Fürbitte sein", fühlte ich den Herrn sagen.

Das war etwas, was ich tun konnte. Ich wusste, ich konnte gehorchen; was aus diesem Gehorsam resultieren würde, lag in den Händen des Herrn.

Über die Jahre hinweg habe ich verstanden, dass FÜRBITTE ein Gebet ist, das Gott auf dem Herzen liegt. Wenn Er uns darum bittet, auf Sein Herz zu reagieren, und wir gehorchen, beginnt eine Erdung: Seine Wünsche werden auf dieser Erde ausgedrückt. Ich würde diese Wünsche durch die Bildhauerei ausdrücken und mitteilen.

Jetzt standen wir vor einer weiteren Herausforderung, einer großen, denn hinsichtlich der Finanzen hatte Gott uns deutlich gesagt, dass wir keine Schulden machen durften. In den vergangenen Jahren hatten wir sorgfältig darauf geachtet, und es war zu einem Teil unseres Lebens geworden.

„Aber Herr, wenn wir dieses Haus kaufen werden, dann müssen wir einen Kredit aufnehmen, und wir werden Schulden haben", sagte ich zu Ihm. „Wie kann dies Dein Wille sein?" „Wenn du aus Gehorsam zu Mir verschuldet bist, dann werden das Meine Schulden sein", antwortete der Herr.

Jetzt war ich wirklich beunruhigt. Mit meinem ganzen Herzen wollte ich Gottes Willen tun; dies war mein Leben. Nach tagelangem innerlichen Ringen las ich zufällig die Geschichte von Jesus im Garten Gethsemane. In gewisser Hinsicht konnte ich mich mit dem schweren Gefühl, das die biblische Geschichte hier beschrieb, identifizieren.
Als ich zu den Worten kam: *„Alles ist dir möglich; nimm diesen Kelch von mir! Doch nicht, was ich will, sondern was du willst!" (Markus 14:36)*, begann ich zu weinen und fühlte das Gewicht dieser Worte.

Zu diesem Zeitpunkt war mir klar, dass ich nicht einfach nur stur war und versuchte, meinen Willen durchzusetzen, sondern dass ich einen Preis für meinen Gehorsam bezahlen musste. *Bin ich dafür bereit?*, fragte ich mich und wusste, dass es uns alle, auch Dafna und die Kinder, einen hohen Preis kosten würde.
Alles, was ich tun konnte, war, Ihm zu vertrauen und Ihm zu folgen.

In den folgenden Jahren bauten wir unser Studio für die Bildhauerei und die Arbeit mit Buntglas auf.

Industriegebiet von Cadim, wo ich mein Studio hatte

Wir lernten jeden Einzelnen in der Siedlung kennen, jedes Mitglied, all die verschiedenen Persönlichkeiten. Zusammen und einzeln lernten wir, mit den Gefahren, die mit dem Leben in Samaria (Shomron) verbunden waren, umzugehen.

Beide Kinder, der neunjährige Daniel und der fünfjährige Yohai, fuhren mit dem Bus zur regionalen Schule. Es ist ein wahres Erlebnis, die Kinder zur Bushaltestelle bringen zu müssen, sie in den kugelsicheren Bus einsteigen zu sehen, der von bewaffneten Soldaten begleitet wird und dem ein bewaffneter Jeep mit Soldaten folgt. Täglich wurde uns der Preis für das Leben in Cadim bewusst, aber irgendwie gewöhnten wir uns an die Gefahr, die uns umgab. Allerdings wurde es auch im Laufe der Jahre nie normal, von unseren arabischen Nachbarn beschossen, bombardiert oder angegriffen zu werden, während wir zur und aus der Siedlung fuhren. Aber es gehörte dort immer zu unserem Leben dazu.

Nachdem wir diesen intensiven Kampf hinter uns hatten und bereit waren, Gottes Willen zu tun, wussten wir, dass wir auf Ihn vertrauen konnten. Zu wissen, dass Er für das, was uns geschehen würde, Verantwortung trägt, gab uns ein tiefes Gefühl des Friedens.

Trotz des Zaunes und der Gegenwart von Panzern fühlten wir uns sicher in Cadim

28. KAPITEL

Die Konferenz in Haifa

Wir lebten ungefähr fünf Jahre in Cadim, als ich mit zwei Freunden nach Haifa fuhr, um an einer zweitägigen Männerkonferenz teilzunehmen, deren Hauptfokus auf Gebet lag. Auf dem Weg nach Haifa scherzten wir drei miteinander und erzählten uns Geschichten. Die beiden Freunde teilten sich ein Zimmer, während ich ein Zimmer für mich allein hatte. Beim Abendessen trafen wir mit den anderen Teilnehmern zusammen; die Atmosphäre war insgesamt locker und fröhlich. Ich kannte die beiden amerikanischen Männer nicht, die die Konferenz organisierten, aber es begeisterte mich, Freunde zu treffen, die ich lange nicht gesehen hatte.

Als es Zeit für das erste Treffen war, kam es mir merkwürdig vor, in eine kleine, nur von ein paar Kerzen erhellte Kapelle hineinzugehen. Dies schuf eine mysteriöse Atmosphäre, die definitiv ernsthafter war als die Stimmung, in der ich mich befand.

„Nehmt bitte Platz." Die Organisatoren wiesen auf die Stühle, die im Raum aufgestellt waren. In der Mitte stand ein kleiner Tisch mit dem Mahl unseres Herrn, Brot und Wein, beleuchtet von den Kerzen – es wirkte recht einfach.

„Bereitet euch bitte selbst geistlich vor, bevor ihr teilnehmt", sagte der Leiter. „Wenn ihr bereit seid, dann könnt ihr im Gebet Brot und Wein zu euch nehmen."

Da ich seit vielen Jahren gläubig war, hatte ich das Abendmahl hunderte Male in verschiedenen Arten und an unterschiedlichen Plätzen zu mir genommen. Dies war anders, aber nicht ganz. Der Raum wurde still, während jeder sein Herz prüfte, bevor er nach vorn ging.

Meine Freunde und ich hatten so viel gescherzt, dass es mir schwerfiel, ernst zu werden und mein Inneres genau zu betrachten. Irgendwie schaffte ich es, mein Herz zu prüfen, stand auf, um den Wein und das Brot zu nehmen. Es geschah nicht auf lockere Weise, aber auch nicht mit tiefen Gefühlen. Ich dankte dem Herrn, dachte an Ihn, nahm das Brot und den Wein und wollte zu meinem Stuhl zurückkehren.

„Knie dich hin!", fühlte ich den Herrn sagen. Überall in dem dämmrig beleuchteten Raum beteten die Männer still allein. Obwohl ich dachte, dies sei ein bisschen extrem, gehorchte ich und hoffte, dass ich damit nicht zu viel Aufmerksamkeit auf mich ziehen würde. In dem Moment jedoch, als ich auf meinen Knien war, sagte mir die Stimme des Herrn, ich solle mich auf mein Gesicht legen!

Mir gefiel diese Idee nicht, und ich kämpfte gegen sie an, beschloss aber, es sei besser zu gehorchen, und hoffte, dass dieser Akt nicht zu lange dauern würde. Ich erkannte die Ernsthaftigkeit dieser Situation, und in dem Moment, als ich auf dem Boden war, begann ich zu weinen. Zuerst leise, doch dann wurde mein Weinen immer intensiver. Es war so, als ob mich ein schweres Gewicht auf den Boden drückte. Ich war unfähig aufzustehen, ich schluchzte und schluchzte. *Was passiert hier, Herr?*, rief ich innerlich.

Zu diesem Zeitpunkt war ich bereits weit davon entfernt, verlegen zu sein, und erkannte, dass Gott Selbst mich auf dem Boden festhielt. *Was ist es, Herr? Was willst Du?*, betete ich. Dann plötzlich fühlte ich, dass Er sagte: „Wärst du bereit, das Leben Daniels für die Rettung von Jakob zu geben?"

Der Umgang mit Jakob, dem Verwalter der Siedlung, war nicht einfach. Ich rang mit mir. *Nein! Das kann ich nicht. Meinen Sohn für Jakob? Das werde ich nicht tun! Das kannst du mich nicht machen lassen, Herr! Du kannst mich nicht bitten, dies zu tun. Hab ich nicht genug gegeben?*

Es war so schwer. Ich denke, dies war die schwerste Bitte, die jemals an mich gerichtet wurde. Obwohl ich es versuchte, konnte ich nicht vom Boden aufstehen. Ich fühlte mich gebrochen, am Ende, erschöpft. Immer noch weinend, für eine Zeit, die sich sehr lang anfühlte, rang ich weiter mit Gottes Bitte. Schließlich gab ich auf. *Herr, ich kann das nicht tun, aber ich bin willens, willens zu sein, WENN Du mir da durchhilfst.*

In dem Moment, als ich diese Worte gebetet hatte, verschwand das Gewicht, das auf mir lag. Obwohl ich erschöpft war, war ich voller Frieden, fragte mich aber gleichzeitig, was ich getan hatte. *Was bedeutet das?* Ich begann erneut zu weinen. Ohne meine Freunde anzusehen, kämpfte ich mich auf meine Beine und ging auf mein Zimmer, wo der Kampf der Gefühle und Fragen so lange andauerte, bis ich vor Erschöpfung einschlief.

Ich konnte das Geschehene nicht begreifen, nur, dass ich dem Herrn begegnet war. Was ich in dieser Kapelle erlebt hatte, war unheimlich und faszinierend zugleich. Sicherlich würde ich diese Erfahrung niemals vergessen und vertraute auf Gott, dass Er es mir deutlich machen würde, wenn die Zeit reif wäre.

Das Leben in Cadim ging weiter.
Die Bildhauerei schien unser Gebet, unsere Fürbitte zu sein. Im Allgemeinen hatte unser Leben einen bestimmten Rhythmus, aber in letzter Zeit gab es Gespräche über eine mögliche Umstrukturierung. Israels Zugeständnisse an die Palästinenser für Frieden würde bedeuten, dass wir Cadim verlassen mussten.

Eines Tages – wir lebten inzwischen seit sieben Jahren in der Siedlung – ging ich wie gewöhnlich zum Studio. Es war ein wunderschöner Morgen. Als ich den Hügel hinunter in Richtung Industriegebiet lief, dachte ich über die Anforderungen des Tages, einige Pläne und andere triviale Dinge nach und genoss den wunderschönen Ausblick auf das Jezreel Tal. Plötzlich unterbrach der Herr meine Gedanken mit diesen Worten: „Die Fürbitte ist vollendet. Sie ist abgeschlossen!"

Es kam aus heiterem Himmel, so plötzlich, dass ich erschüttert war. *Was bedeutet das?*, fragte ich mich. Ich war mir ja gar nicht sicher, worum es in der Fürbitte überhaupt ging, was sollte also deren Vollendung bedeuten? *Es hat alles angefangen, als wir das Haus gekauft haben und der Siedlung beigetreten sind, Herr. Heißt das, wir sollen jetzt weggehen?*
Es gab keine Antwort, es herrschte einfach nur Stille.
An diesem speziellen Tag war ich so beschäftigt, dass ich keine Zeit hatte, über jene Begegnung weiter nachzudenken.

Der nächste Tag schien wie ein normaler Tag anzufangen. Als ich zum Studio lief, gingen mir viele Gedanken durch den Kopf. „Jetzt kannst du für die Rettung Israels beten!"
Ich hielt an und fragte mich, woher das kam. „Jetzt kannst du für die Rettung Israels beten!" *Was bedeutet das?* Ich war erschüttert.

Das ist ein riesiges Unterfangen! Aber dann fragte ich den Herrn: "Habe ich dies nicht all die Jahre über getan? Es war der Hauptfokus meiner Gebete, Herr. Ich hatte gehofft, dass alles, was Du getan hast, irgendwie auf dieses Ziel hingewirkt hat."
Wieder herrschte Stille, Gott gab keine weiteren Erklärungen hinsichtlich dieser Herausforderung. Ich vertraute darauf, dass Er mir eines Tages zeigen würde, was er meinte.

Im Laufe der Jahre hatte ich einige Bücher über Fürbitte gelesen, aber das Buch, das den größten Einfluss auf mich hatte, war von Rees Howells: *Fürbitte ändert die Welt*. Es zeigte mir „Taten" von Fürbitte, solche, die einen definitiven Anfang und ein definitives Ende hatten, die abgeschlossen waren.
Die Fürbitten, die erwähnt wurden, begannen mit einem Akt des Gehorsams, einer Reaktion, die oftmals schwierig war. Etwas musste im Charakter der involvierten Person sterben, etwas, das er war, oder etwas, was er wollte, und manchmal mussten persönliche Pläne wegen der Berufung des Herrn zur Fürbitte geopfert werden.

Dafna und ich begannen, ein Muster in unserem Leben in Bezug auf das Arbeiten in der Kunst zu sehen, insbesondere in der Bildhauerei. Oftmals schien es, dass der Herr unerwarteterweise etwas schuf, was wir „plötzlich" nannten und uns veranlasste, unverzüglich Sein Herz zu suchen. Häufig führte dies dazu, dass wir eine Skulptur entwarfen, die auf bestimmte Art und Weise ein spezifisches Wort oder eine Kommunikation reflektierte. Der kreative Prozess war unsere Fürbitte, während das fertiggestellte Stück ein prophetisches Wort darstellte, in dem Sinne, dass wir hofften, es würde Gottes Herz und Gottes Wort vermitteln. Daher wusste ich, dass der Herr das, was Er meinte, deutlich machen würde, und kehrte zurück an meine tägliche Arbeit. Erst einmal schien nichts weiter zu geschehen.

29. KAPITEL

Das Wort der Rückerstattung

Mit Graham Cooke verband uns bereits eine jahrelange Freundschaft, als er mich 2001 dazu einlud, an einer Konferenz in Southampton teilzunehmen, auf der er sprechen sollte.

Graham hatte viele unserer kleinen Skulpturen gekauft und mich oft zu Konferenzen in seiner Heimatgemeinde in England eingeladen. Dieses Mal jedoch versank ich geradezu in Arbeit und zog es gar nicht in Betracht, überhaupt zu fahren. Nachdem ich flüchtig darüber gebetet hatte, sagte mir der Herr eines Morgens: „GEH!" Ich widersetzte mich, doch je mehr ich mich sträubte, umso größer war der geistliche Druck, den ich erlebte. Schließlich gab ich nach und begann Vorbereitungen für die Reise nach England zu treffen.

„Rückerstattung" – was für ein komischer Name für eine Konferenz, dachte ich. *Und gerade in der Zeit, in der wir in Israel Purim feiern!* An diesem Feiertag wird der Geschichte von Esther und der Errettung der Juden gedacht. Ich wusste, Graham hatte diese Konferenz nicht absichtlich an diesen Feiertag gebunden, aber ich dachte, dass es interessant sei.

Als ich am ersten Tag der Konferenz in Southampton ankam, war ich überrascht und bewegt zu sehen, dass Graham alle Kunstwerke, die er von uns im Laufe der Jahre gekauft hatte, ausstellte. „Ich hoffe, diese Ausstellung wird dir ein paar Aufträge einbringen", sagte er mir.

An diesem Donnerstagabend lag der Hauptfokus auf der Anbetung. Da ich die Lobpreisband ganz gut kannte, freute ich mich auf diesen Abend. Als der Lobpreis begann, schien die Musik mich einzuhüllen. Ich war überrascht von deren Intensität und Tiefe. Ich schaute auf die Band und bemerkte eine Frau, die Violine spielte und die ich nie zuvor gesehen hatte. Die Musik war laut, und ich dachte, *es ist schön, dass es eine Violine gibt, aber wer wird sie schon hören?* Dies war aber nur ein kurzer Ablenkungsmoment, der von der Musik davongetragen wurde. Mit geschlossenen Augen tauchte ich in die Anbetung ein.

Ich genoss das Gefühl, in der Gegenwart des Herrn zu sein, diesen Frieden zu erleben, diesen Platz der Stille in mir. Plötzlich hörte die Musik auf. Graham nahm das Mikrophon in die Hand und sagte: „Dies ist das Jahr der Rückerstattung, dies ist das Jahr der beispiellosen Gnade und Gunst, dies ist das Jahr, in dem der Herr alles wiedererstatten wird, was dir geraubt wurde; alles, was der Feind dir genommen hat, alles, was die Heuschrecken dir gestohlen haben, wird dir zurückgegeben werden." Er sprach diese starken Worte vor den drei- bis vierhundert Leuten, die an diesem Abend im Saal zugegen waren, voller Autorität aus. *Hier müssen ein paar Leute dabei sein, die eine schlechte Vergangenheit haben*, dachte ich, *und der Herr wird diese Wunden heilen. Das ist ein gutes Wort, aber nicht für mich.* Die Band fing wieder an zu spielen, also lehnte ich mich zurück, um die Musik zu genießen, aber die Atmosphäre hatte sich irgendwie verändert.

Am zweiten Tag der Konferenz bat mich Graham nach vorne, damit ich ein paar Worte sagte. Ich denke, er wollte den Leuten zeigen, dass ich der Künstler bin, der die Skulpturen gemacht hatte, falls jemand eine Bestellung aufgeben wollte. An diesem Abend begann die Veranstaltung mit viel Musik, und wieder fühlte ich, wie ich dem Herrn näherkam; Seine fast greifbare Gegenwart alarmierte mich. Als die Musik anschwoll, nahm Graham wieder das Mikrophon in die Hand und wiederholte die gleichen Worte, die er am Tag zuvor gesagt hatte: „Dies ist das Jahr der Rückerstattung; dies ist das Jahr der beispiellosen Gnade und Gunst ..."
Langsam wurde ich ärgerlich, denn ich genoss die Musik, die er schon wieder unterbrach. *Graham, dieselben Leute wie gestern sind hier*, dachte ich egoistisch. *Du hast gestern Abend das Gleiche gesagt. Warum wiederholst du das?*
Ich hörte nicht weiter zu, bis Graham etwas änderte, das meine Aufmerksamkeit wieder auf seine Worte lenkte.
„Dies gilt nicht für euch persönlich, sondern es gilt für die Leute, denen Ich euch angeschlossen habe!" Ich werde das nie ganz erklären können, aber in dem Augenblick, in dem Graham sagte: „Dies ist für die Leute, denen Ich euch angeschlossen habe", fühlte ich mich, als ob der Herr direkt zu mir sprechen würde.

Ohne Vorwarnung stockte mir der Atem, als hätte mich jemand in den Bauch geschlagen, ich hatte das Gefühl, als sei die gesamte Luft des Raums abgesaugt, und brach in Tränen aus.

Ich war nicht fähig zu stehen, ich saß vornübergebeugt im Stuhl und weinte unkontrolliert. In diesem Moment des Kämpfens rief ich zum Herrn: „Was ist das? Was geschieht hier?" Ich fühlte, wie der Herr sagte: „Rückerstattung für das jüdische Volk sind sechs Millionen!"

Meine Gedanken rasten immer noch, ich verstand nicht, aber aufgrund der Zahl nahm ich an, dass dies etwas mit dem Holocaust zu tun hatte. *Dem Holocaust? Ich verstehe das nicht. Herr, ich versteh nicht, was gerade mit mir geschieht, aber warum der Holocaust?*

Ich fühlte, wie der Herr wieder sprach: „Ich werde sechs Millionen in das Königreich bringen für das, was ihnen im Holocaust angetan wurde." Das ließ mich zusammenzucken, ich verstand nicht, was mir mitgeteilt wurde, was mit mir geschah. Ich wusste jedoch, dass Er es war.

Langsam fand ich wieder zu mir selbst. Mein Kopf war voller Fragen und ohne Antworten. Ich wusste sicher, dies war von Gott, es erschreckte mich unheimlich. Die Musik spielte bereits wieder seit einiger Zeit, schien aber entfernt zu sein. Ich versuchte mich auszuruhen und hatte keine Ahnung, was Er meinte oder wie der Herr das umsetzen wollte, was Er gesagt hatte. Sechs Millionen! Diese Zahl war zu groß für mich; ich konnte sie nicht begreifen. Langsam beruhigte ich mich. *Was willst Du von mir, indem Du mir dieses Wort gibst? Ich kann es nicht nachvollziehen, ich kann es nicht verstehen.*

Ich war unfähig zu verleugnen, dass dies der Herr war, aber ich musste das Thema irgendwie innerlich ablegen, um später weiter darüber nachzudenken. Momentan musste ich mich ausruhen und mich selbst wieder zusammenreißen. Den restlichen Abend wunderte ich mich, warum Grahams letzte Worte in mir solch eine gewaltige Reaktion auslösten. Sie berührten sehr tief die beinahe fünfundzwanzigjährige Beziehung, die ich mit dem jüdischen Volk und seinem Land hatte.

Der Holocaust und die Geburtsstunde von Israel begleiteten mich seit dem Anfang meines Weges mit dem Herrn. Sogar bevor ich mein Leben dem Herrn gab, hatten alle beiden Themen bei mir Tränen ausgelöst.

An diesem besonderen Abend berührte der Herr das Fundament, als würde Er darauf aufbauen wollen. Aber was? Ich wollte nicht darüber nachdenken. Der Holocaust war ein Ort, an den man nur mit Fragen ging, für die man nie eine Antwort erhalten würde. Es wäre besser, einen Bogen um dieses Thema zu machen und sich damit überhaupt nicht auseinanderzusetzen. *Ist dies der Anfang einer neuen Skulptur?*, fragte ich mich.

Der Herr hatte bereits ähnliche Situationen benutzt, um meine Aufmerksamkeit zu bekommen, und als Antwort darauf hatte ich einige Skulpturen gestaltet, aber der Antrieb war nie so stark gewesen wie jetzt. Dies schien heilig, unantastbar, und ich brauchte ein bisschen Abstand. „Du musst mir das genauer erklären", sagte ich dem Herrn, wusste aber nicht, ob ich dieses „Genauer" aushalten könnte. *Möchte ich wirklich eine solche Bestätigung?*

In dieser Nacht schlief ich mit meiner Frage ein, konnte aber gut schlafen. Am nächsten Tag fanden zahlreiche Aktivitäten im Rahmen der Konferenz statt, aber ich war nicht wirklich anwesend. Meine Gedanken trugen mich in die Welt der Fragen: „Rückerstattung, sechs Millionen, das Königreich?" Ich fühlte mich gut, aber abgetrennt von allem, und wollte mit niemandem reden, sondern mit meinen Gedanken einfach nur allein sein.

In der Mittagspause hoffte ich, einen ruhigen Ort irgendwo draußen zu finden, wo ich allein essen konnte, aber im Foyer lauerte die Geigerin mir auf. Sie fing mich genau in dem Moment ab, als ich versuchte wegzugehen. „Bist du der Bildhauer aus Israel, der gestern ein paar Worte gesagt hat?", fragte sie.

Als ich widerwillig ihre Frage mit „Ja" beantwortete, bat sie darum, mir ein paar Fragen stellen zu dürfen. „Möchtest du mit mir einen Kaffee trinken?"

Obwohl ich „nein" sagen wollte, erklärte ich mich zu meiner eigenen Verwunderung mit diesem Angebot einverstanden.

Ruth Fazal war eine professionelle Geigerin, die in Toronto lebte und arbeitete. Sie erzählte mir eine Geschichte, wie der Herr sie in einen Schaffensprozess gezogen hatte, ein Oratorium zu schreiben.

Mir war nicht ganz klar, was ein Oratorium ist, wusste aber, dass es sich um etwas Musikalisches handelte, und dachte mir, ich würde durch das Zuhören mehr darüber lernen. Als Ruth mir erklärte, dass dieses Musikstück auf der Poesie jüdischer Kinder aus dem Holocaust beruhte, hatte sie meine volle Aufmerksamkeit gewonnen. Ich war fasziniert von ihrer Geschichte, wie ihr Schaffensprozess durch Musik diesen Platz von schrecklichen Erinnerungen berührt hatte. Es faszinierte und erschreckte mich zugleich, dass ich gerade jetzt diese Geschichte hörte – am Morgen nachdem ich dieses schwere und verwirrende Wort vom Herrn erhalten hatte. Ich erzählte ihr nicht, was mir widerfahren war, denn ich wollte es nicht laut aussprechen, deshalb hörte ich einfach nur zu.

Als Ruth erfuhr, dass Dafna, die Jungs und ich in Toronto sein würden, um meine Eltern zu besuchen, schlug sie mir vor, dass wir uns in ungefähr drei Monaten dort treffen könnten.

Zur gleichen Zeit sollte ich eine große Bronzeskulptur in Nord-Indiana installieren.

Es stellte sich als besonderes Zusammentreffen heraus, dass die Arbeit folgendes Motiv hatte: Jesus, wie er im Garten Gethsemane mit sich ringt und darum bittet, den Kelch an sich vorübergehen zu lassen. Mehr und mehr lernte ich so die Bedeutung von Gottes Timing.

Drei Monate später, als wir uns in Toronto wieder auf einen Kaffee trafen, erzählte mir Ruth, wie ihre Arbeit mit dem Oratorium vorankam. Es war schön, sich näher kennenzulernen, also erzählten wir ihr von unserem Zeitplan und anderen Vorhaben.

„Dafna und ich werden in North Carolina eine neue Skulptur anfangen und dann nach Israel zurückfahren", sagte ich ihr.

„Und ich werde zur gleichen Zeit bei einer Konferenz in South Carolina sein!" Ruth war begeistert. Wir beschlossen, uns dort wieder zu treffen.

30. KAPITEL

Die sieben letzten Worte[1]

(Gedicht "Die sieben letzten Worte von Christus" mit Genehmigung von Gary Wiens verwendet)

Ich brauchte ich vier Stunden, als ich Mitte des Sommers 2001 zur Konferenz in South Carolina fuhr, um Ruth dort zu treffen. Da es Dafna nicht möglich war, mich zu begleiten, plante ich, nur für eine Nacht zu bleiben. Ruth Fazal hatte die Konferenz zusammen mit einem Mann namens Gary Wiens aus Kansas City organisiert, den ich später an diesem Tag gemeinsam mit ein paar Musikern kennenlernte.

Am nächsten Tag sagte mir jemand in der Pause zwischen zwei Veranstaltungen, dass ich unbedingt noch eine weitere Nacht bleiben solle, da Ruth und Gary „Die sieben letzten Worte" zusammen vortragen würden.

„Was ist das?" fragte ich.

„Das ist ein Gedicht, das auf den sieben letzten Worten basiert, die Jesus am Kreuz gesprochen hat", erklärte er mir. „Ruth und Gary haben es auf verschiedenen Konferenzen vorgetragen. Das Gedicht spricht aus der Perspektive von Johannes, da er der einzige Jünger war, der während der Kreuzigung zugegen gewesen ist."

Ich beschloss zu bleiben, ohne zu wissen, was mich erwartete. Im Anschluss daran würde ich nach North Carolina zurückfahren.

Garys Vortrag des Gedichts, begleitet von Ruths melodischem Geigenspiel, war kraftvoll, voller anschwellender Gefühle und vernichtender Wirklichkeiten.

Ich spürte Johannes' Schmerz, als er sah und hörte, wie sein bester Freund mit sich rang, diese letzten Worte auszusprechen, während Er gleichzeitig am Kreuz litt. Es rief so viele visuelle Bilder in mir wach, dass es mir vorkam, als sei ich selbst mit ihnen dort. Jedes dieser letzten Worte verkörperte ein eigenes Drama, und auf jedes folgte Johannes' Antwort. Gebannt hörte ich ihrer etwa eine Stunde dauernden Rezitation zu. Beim Kaffee im Anschluss fragten mich Gary und Ruth, was ich über das Gedicht dachte.

„Ich finde keine Worte dafür." *Keine Worte, nur Bilder, die durch meinen Kopf strömen und zusammenstoßen.* Ich musste sie in eine Ordnung bringen.

Deshalb fertigte ich auf der vierstündigen Rückfahrt zahlreiche Skizzen in meinem Kopf. Ich war mir sicher, dass ich aus diesen etwas machen sollte.

Eine Zeichnung? Eine Skulptur? Aber wie sollte ich die Kreuzigungsworte durch eine Figur übermitteln? Es war spät in der Nacht, als ich zurückkehrte, dennoch nahm ich mein Skizzenbuch in die Hand und zeichnete schnell primitive Strichmännchen, damit ich wenigstens für den Moment eine visuelle Erinnerung haben würde an das, was ich gesehen hatte. Im Laufe der nächsten beiden Wochen verbrachte ich dann viel Zeit mit diesen Zeichnungen, die sich bis dahin zu sieben Kreuzigungsszenen entwickelt hatten, und jeder stand eine Figur in unterschiedlicher Körperhaltung gegenüber, die zu dem betreffenden Wort in Beziehung stand. Ich kämpfte darum, dies richtig hinzubekommen, denn obwohl die Kreuzigung als ein Ganzes betrachtet werden musste, stellte ich sie in sieben Szenen dar.

Eines Nachts skizzierte ich sieben Paneele und trennte diese durch Säulen aus Feldsteinen. Plötzlich fühlte ich, wie der Herr während des Skizzierens in meinen Fokus trat. „Was verkörpern Steine, die übereinanderliegen?", fragte Er mich. Dies schien abrupt, aber sofort dachte ich daran, wie das Volk Israel ins Land kam, nachdem es den Jordan überquert hatte, und wie die Priester Steine übereinanderlegten. *Eine Gedenkstätte* war das Wort, das mir dazu einfiel. In dem Moment, als dieser Gedanke in mir aufstieg, erlebte ich die Gefühle des Wortes von der Rückerstattung. Ich war darauf nicht vorbereitet, aber wieder sprach der Herr und sagte: „Zähle, wie viele Steinsäulen du gemacht hast." Ich zählte sechs.

Seitdem das Wort der Rückerstattung vor sechs oder sieben Monaten in mein Leben geplatzt war, hatte der Herr mich nicht wieder aufgesucht. Ich hatte ernsthaft gehofft, dies würde so bleiben, aber die sechs Feldsteinteiler brachten es alles zurück, sogar das starke Gefühl, das es damals in mir ausgelöst hatte. Es alarmierte mich.

Eine Gedenkstätte für die sechs Millionen? Dies kann mit den sieben letzten Worten der Kreuzigung nicht in Beziehung gebracht werden! Wie soll ich die Kreuzigung und den Holocaust miteinander in Verbindung bringen? Innerlich brüllte ich fast, ich schrie: *Man kann diese schrecklichen Ereignisse nicht zusammenfügen und damit rechnen, am Leben zu bleiben, in Israel!* Die meisten Israelis würden sagen, dass es die Kreuzigung war, die den Holocaust hervorgerufen hat.

Die neue Offenbarung über das Mahnmal für die sechs Millionen war tagelang in meinen Gedanken, und ich wusste nicht, was ich damit tun sollte.

Als ich mein Leben dem Herrn übergab, hatte ich Ihm gesagt, dass, wenn Er mir Seinen Willen mitteilt, ich darauf reagieren und tun werde, was Er will. Zu jenem Zeitpunkt in meinem Leben schien es richtig zu sein, dies zu sagen, und ich meinte, was ich sagte. Dieses Mal jedoch würde ich für das, was der Herr von mir zu bitten schien, einen sehr hohen Preis zahlen müssen.

Ich fing an, die sieben letzten Worte genauer zu betrachten und über deren Bedeutung nachzudenken:

„Vater, vergib ihnen, denn sie wissen nicht, was sie tun."

„Amen. Ich sage dir: Heute noch wirst du mit mir im Paradies sein."

„Frau, siehe, dein Sohn!" und „Siehe, deine Mutter!"

„Mein Gott, mein Gott, warum hast du mich verlassen?"

„Mich dürstet!"

„Es ist vollbracht."

„Vater, in deine Hände lege ich meinen Geist."

Jedes dieser sieben letzten Worte enthielt ein Geheimnis und war voller Intensität. Jedes würde ein Eingang sein, durch den ich gehen musste. Ich fühlte mich zum Jünger Johannes hingezogen und überlegte mir, wie ich ihn am besten darstellen konnte. Wie einen jungen jüdischen Mann mit T-Shirt und Jeans bekleidet, eine moderne Version des Jüngers? *Das Denkmal für die sechs Millionen ermordeten Juden, die durch die sechs Säulen dargestellt werden, wird etwas zwischen dem Herrn und mir sein,* sinnierte ich und wollte, dass die Bedeutung verborgen bliebe. Niemand würde beim Anschauen das Werk mit dem Holocaust in Verbindung bringen.

Ich war zufrieden mit dieser Lösung und nahm mein Skizzenbuch zur Hand und fing an, meine anfänglichen Zeichnungen zu erweitern.

Vielleicht sollte zu diesem Werk auch Wasser dazugehören, dachte ich. *Wasser, das über die Oberfläche der Kreuzigungspaneele fließt.*

Wir standen mit Ruth in Kontakt, und sie wusste, dass ich an einem Projekt arbeitete, das mit dem Gedicht zu tun hatte. Während eines Telefonats erzählte ich ihr von der Idee, Wasser zu integrieren.
Sie unterbrach mich und sagte: „Warte eine Sekunde!" Ein paar Minuten später war sie zurück am Telefon. „Dies ist ein Vers, den der Herr mir gegeben hat, als ich anfing, das Oratorium zu schreiben. Es stammt aus Jeremia 8." Und sie zitierte:
„O, dass mein Haupt zu Wasser würde und mein Auge zum Tränenquell, so würde ich Tag und Nacht die Erschlagenen der Tochter meines Volkes beweinen!" (Jeremia 8:23)
Ich war tief ergriffen, aber auch fassungslos, denn ich erkannte, dass das Hinzufügen von Wasser zu diesem Werk mit den Tränen, die über die Ermordung des Volkes Israels vergossen wurden, verbunden war.
Unbewusst hatte Ruth dem Werk seinen Namen verliehen.
Jetzt verstand ich auch die Bedeutung dahinter: Es war eine Fürbitte für die Ermordeten, eine Erinnerung an sie. Ich wollte den Holocaust auf sicherem Abstand zur Kreuzigung halten, aber der Herr erlaubte es nicht. Die Zeit war reif für den nächsten Schritt.

Auszug aus dem Gedicht "Die letzten sieben Worte von Christus" von Gary Wiens

Prolog – Zu Deinen Füßen
Zu Deinen Füßen, oh Lamm Gottes,
Nehme ich Platz.
Ich atme Deinen Namen,
Während Tränen in stummer Ausdruckskraft meine Dankbarkeit verkünden.
Dein gebrochenes Antlitz verkündet Heilung für dieses zerbrochene Bild,
Donnert Deine Leidenschaft, bekennt Deine Liebe ...

...
Ich nehme Deine Hand,
Denn Du hast mir diese am Kreuz entgegengestreckt.
Wie könnte ich Dir nicht nachfolgen, der Du meine Freude, mein ganzes
Leben bist.
Deine kostbare Liebe gewann den Tag,
Zog mich zu Dir.

====
Epilog – der Morgen
Der Morgen kam,
Und abermals finde ich mich selbst zu Deinen Füßen wieder.
Deine Augen, voller Leben und einem Feuer, das ich vorher noch nie sah,
blicken mich erneut an,
Und ich weiß.

...
Ich wandte mich zum Gehen, und da standst Du
Und nahmst meine Hand und riefst meinen Namen und zogst mich zu Dir.
Dein schlagendes Herz gegen meine Wange löste Tränen aus,
Während ich wieder meinen Platz einnahm, den Du lebst, in Deinem Herzen.
Und so kam der Morgen,
Und abermals finde ich mich selbst zu Deinen Füßen wieder.
Deine Augen, voller Leben und einem Feuer, das ich vorher noch nie sah,
blicken mich erneut an,
Und jetzt weiß ich.
Ich weiß.

31. KAPITEL

Ein himmlischer Auftrag

Bis jetzt hatte ich genug Bestätigung erhalten und beschlossen, die Modelle im Verhältnis eins zu sechs herzustellen, jedes einzelne würde Johannes darstellen. Die maßstabsgetreuen, 30 cm hohen Figuren sollten vor einer 3 m langen und 60 cm hohen Mauer mit den Kreuzigungspaneelen stehen. Für die Figur des Johannes verwendete ich Bilder, die ich vom Gesicht eines jüdischen Freundes gemacht hatte, natürlich mit seinem Einverständnis. Er besaß ein großartiges Gesicht, das Johannes verkörperte, es war herzlich und sympathisch, und er hatte leichte Geheimratsecken in seinem ansonsten vollen, lockigen Haar.

Beim Kreieren einer Skulptur beginne ich immer mit dem Aufbau einer Drahtkonstruktion, die den Ton hält. Sogar ein Drahtgerüst drückt etwas durch seine einfache Körpersprache aus, und in diesem Fall gab es mir die wesentliche Richtung für die Figur, die eine Reaktion auf das jeweilige Wort zeigt. Nachdem ich dem Gestell durch Ton Körpermasse hinzugesetzt hatte, wurde die Figur detaillierter, obgleich sie noch immer recht primitiv war. Ich ließ den Kopf kahl und beschloss, das Haar zuletzt zu gestalten, und arbeitete stetig an der Anfangsphase jeder Haltung, die die Modelle jeweils haben würden, sowie an ihrem körperlichen Ausdruck.

Ich hatte bereits eine bestimmte Idee für das erste Paneel von „Vater, vergib ihnen, denn sie wissen nicht, was sie tun." Dann war der Zeitpunkt gekommen, an dem die Details des Modells, der Gesichtsausdruck, die Haare und die Hände herausgearbeitet wurden. Immer, wenn ich diese Fertigungsphase einer Skulptur erreicht hatte, fühlte ich den Ernst der Arbeit an besagten Stellen, denn sie drücken den Großteil der Kommunikation aus. Man kann die emotionale Botschaft entweder kaputtmachen oder vermitteln. Die Hände erwiesen sich als gut, das Gesicht entwickelte sich sehr schön, und jetzt kam ich zum eigentlich einfachen Teil, welcher der Figur ein charakteristisches Merkmal verleiht – dem Haar.

Als ich jedoch das Haar hinzufügte, schien dieses nicht richtig zu sein, also nahm ich es ab, indem ich den Ton entfernte.

Ich versuchte nochmals, Haar hinzuzufügen, das okay aussah, aber obwohl die Proportionen des Gesichts und des Kopfs korrekt waren, passte das Haar nicht zum Gesicht. Also nahm ich es immer wieder ab, und dann hörte ich einfach damit auf. Im Laufe der Jahre, in denen ich Hunderte von Figuren modellierte, hatte ich an dem einen oder anderen Punkt immer zu kämpfen, um den Kopf oder das Gesicht richtig zu gestalten. Aber dieses Mal war es anders; das Haar sorgte für Probleme. Das Gestalten eines Modells war für mich noch nie so schwer gewesen.

Nach meinem zigsten fehlgeschlagenen Versuch war ich so frustriert, dass ich beschloss, die Figur so zu lassen, wie sie war, und mit dem nächsten Paneel fortzufahren: „Amen. Ich sage dir: Heute noch wirst du mit mir im Paradies sein."

Es gab keine Probleme mit dem anfänglichen Modellieren. Sogar in dieser einfachen Form konnte ich das Wort fühlen, das mich bewegte, und es machte mir Freude, daran zu arbeiten. Aber dann, als ich die Phase erreicht hatte, in der ich das Haar hinzufügte, fühlte ich mich merkwürdigerweise blockiert. Wieder versuchte ich die Haare der Figur zu gestalten, aber es gelang mir einfach nicht. *Alles andere scheint richtig, also was hat es mit den Haaren auf sich?*, fragte ich mich. Ich beschloss, auch bei dieser Figur den Kopf kahl zu lassen, und machte mit der nächsten Figur weiter, bis alle sieben Skulpturen, die Johannes verkörperten, fertiggestellt waren. Aber jede war glatzköpfig. Ich verstand das einfach nicht, denn alle diese Tonmodelle schienen genau das auszudrücken, was ich während der Rezitation des Gedichts empfunden hatte. Wie konnte es sich gleichzeitig so richtig und so falsch anfühlen?

Vielleicht hat es mit etwas zu tun, das ich gerade durchmache, dachte ich und beschloss, mit der nächsten Phase fortzufahren – die Formen zu machen. In dieser Phase gieße ich die Figuren in Wachs und stelle sie für den Bronzeguss fertig. Da ich immer noch Änderungen an der Skulptur vornehmen konnte, entschied ich mich, mir das Problem des Haars für später aufzuheben.

Als ich dann aber die Skulptur fertigstellen musste, um die Arbeit fortzusetzen, konnte ich den Figuren immer noch keine Haare verleihen. Total frustriert betete ich: „Herr, was ist das? Ich verstehe es einfach nicht!"

„Was war das markanteste äußerliche Merkmal der Männer und Frauen in den Konzentrationslagern?", schien der Herr mich zu fragen.

Sofort wusste ich es: sie hatten geschorene Köpfe! Ich wurde wieder in den Moment zurückgebracht, in dem ich das Wort der Rückerstattung erhielt. Obwohl ich überhaupt nicht dorthin wollte, hatte ich keine andere Wahl. Eine Gefühlswelle überkam mich, und ich begann zu weinen. Es war so, als ob ich Gottes eigene Gefühle bezüglich dieses Themas empfand. Es war so schwer, so herzzerreißend. Und es erschreckte mich.

Wenn ich mit der Arbeit an diesem Projekt fortfahre, werde ich keinen Platz haben, an dem ich mich verstecken kann, wusste ich. *Wenn das Modell von Johannes eine Person aus dem Konzentrationslager sein wird, dann wird nicht nur sein Kopf kahl sein, sondern sie muss auch gestreifte Gefängniskleider tragen; jeder wird sofort wissen, dass diese Modelle den Holocaust verkörpern.* Aber der Herr hatte gesprochen, und ich hatte versprochen zu gehorchen. Ich fühlte mich erbärmlich.

Ich trauerte gewissermaßen tagelang über diese Offenbarung, da sie alles änderte, was ich mir vorgenommen hatte zu tun. Während der Fokus zunächst auf dem Gedicht mit den sieben letzten Worten Jesu sowie der Reaktion von Johannes lag, wurde dieser jetzt zur Reaktion des Holocaust auf die sieben letzten Worte gelenkt. *Ich werde vielleicht alle meine israelischen Freunde verlieren*, dachte ich, *sie alle wissen, dass ich an Jesus glaube, und sie respektieren das, aber sie werden sagen, dass ich zu weit gegangen bin und werden nichts mehr mit mir zu tun haben wollen.* Dieser Gedanke war sehr schwer für mich, und ich brauchte lange Zeit, bis es mir möglich war zu sagen: „Okay, Herr. Dein Wille geschehe!", und Seiner Aufforderung gehorchen konnte.

Plötzlich verstand ich, wie sich Johannes gefühlt haben musste, als er zu den Füßen von Jesus stand – er und ich teilten denselben Herrn. Auf meine eigene geringe Weise als enger Freund und Nachfolger von Jesus war es mir möglich, die gesprochenen Worte des Gedichts nachzuvollziehen. Aber der Holocaust?

Wie konnte ich die Gefühle des Holocaust kennen? Wie würde eine Figur, die den Holocaust verkörperte, auf die gesprochenen Worte der Kreuzigung reagieren? Die Kreuzigung Jesu wird von den Juden als die Quelle des Hasses auf sie betrachtet.

Mein letzter Aufschrei zum Herrn war: „Wie kann ich ein Mahnmal schaffen, wenn ich selbst keine Erinnerung besitze? Ich bin ein Nichtjude; keiner in meiner Familie ist jüdisch, und niemand hat den Holocaust durchgemacht! Ich brauche einen Anfangspunkt, irgendeine Erinnerung in mir, von der ich schöpfen kann!"
Ich drängte weiter: „Ich bin Kanadier, ich verfüge noch nicht einmal über eine nationale Erinnerung, aus der ich schöpfen kann. Wäre ich in Frankreich oder Holland geboren, hätte ich wenigstens eine nationale Erinnerung!"
Über meine Worte nachdenkend kam ich zu dem Entschluss, dass sie Sinn ergaben und gerechtfertigt waren. Mit dieser Argumentation konnte ich mich drücken. In dem Moment meiner Selbstzufriedenheit fühlte ich, wie der Herr mir drei sehr einfache Worten sagte: „Aber ich habe!" Er fuhr fort: „Ich erinnere Mich an jedes Kind, jeden Mann, jede Frau, jedes Weinen aus jeder Grube, jedem Zug, jeder Gaskammer; du wirst aus Meinen Erinnerungen – und nicht aus deinen – das Werk kreieren!"
Als ich am letzten Punkt meines Widerstands angelangt war, machte ich mir Sein Herz zu eigen.

32. Kapitel

Modellierend und meditierend

Im Frühling 2003, nach vielen Zeichnungen und Modellen, begann ich, Vorbereitungen zu treffen für die sieben lebensgroßen Reliefpaneele, die die sieben letzten Worte Jesu, die Er am Kreuz gesprochen hatte, repräsentierten. Die Paneele sollten zwei Meter breit und vier Meter hoch werden. Mein Studio in der Siedlung war nicht groß genug dafür, aber es gelang mir, die sieben Rahmen so auf den Boden meines bereits vollgepackten Arbeitsplatzes zu legen, dass ich an allen arbeiten und alle sehen konnte.

Während ich die jeweilige Figur zu einem bestimmten Wort Jesu modellierte, meditierte ich die ganze Zeit und dachte über die letzten Worte Jesu nach. *Wie kann ich gleichzeitig durch Sein Gesicht die Worte und solch unvorstellbare Schmerzen zum Ausdruck bringen?*, fragte ich mich. *Vergisst Er die Schmerzen für den Moment, indem Er die Worte ausspricht, oder gehört beides zusammen? Verleihen die Schmerzen den Worten Stärke oder Autorität? Wie kann ich in der Wand, die ich gestalte, Seine Hände kommunizieren lassen? Die Nägel behindern Bewegung, aber nicht vollständig.*

Das Formen dieser Paneele wurde zu meiner innerlichen Meditation, und als ich betete, wurde es zu Seiner visuellen Kommunikation. Ich hatte den starken Eindruck, keinen Abdruck des Kreuzes in den Kreuzigungspaneelen abbilden zu dürfen. Aus historischer Sicht wurde dieses Zeichen des Kreuzes vom jüdischen Volk extrem negativ assoziiert, und ich hatte das Gefühl, dass ich den Fokus auf die Kreuzigung und nicht auf das Kreuz lenken sollte. Die Figur, die den gekreuzigten Herrn darstellte, trat aus der Wand hervor die aus besonders texturiertem Jerusalemer Stein gemacht war, der seine eigene unverwechselbare Struktur besitzt. Die Figur war in der Mauer und Teil von ihr, sodass die Linien der Blöcke direkt durch den Körper verliefen.

Da sich die gekreuzigte Figur so tief in den Steinen befand, entstand der Eindruck, dass diese in zwei Teile geteilt sei.

Ähnlich wurden die Figuren, die den Holocaust verkörperten, zu einer fortwährenden Meditation. Ich stellte fest, dass die Körperpositionen, die ich für die Figur des Johannes geschaffen hatte, ebenfalls zur Körpersprache der Holocaustfiguren wurden.

Der Herr hatte von Anfang an gewusst, was diese Figuren sagen würden. Wir brauchten Jahre, um die Kommunikationsebenen in allen Holocaust-Skulpturen zu verstehen.

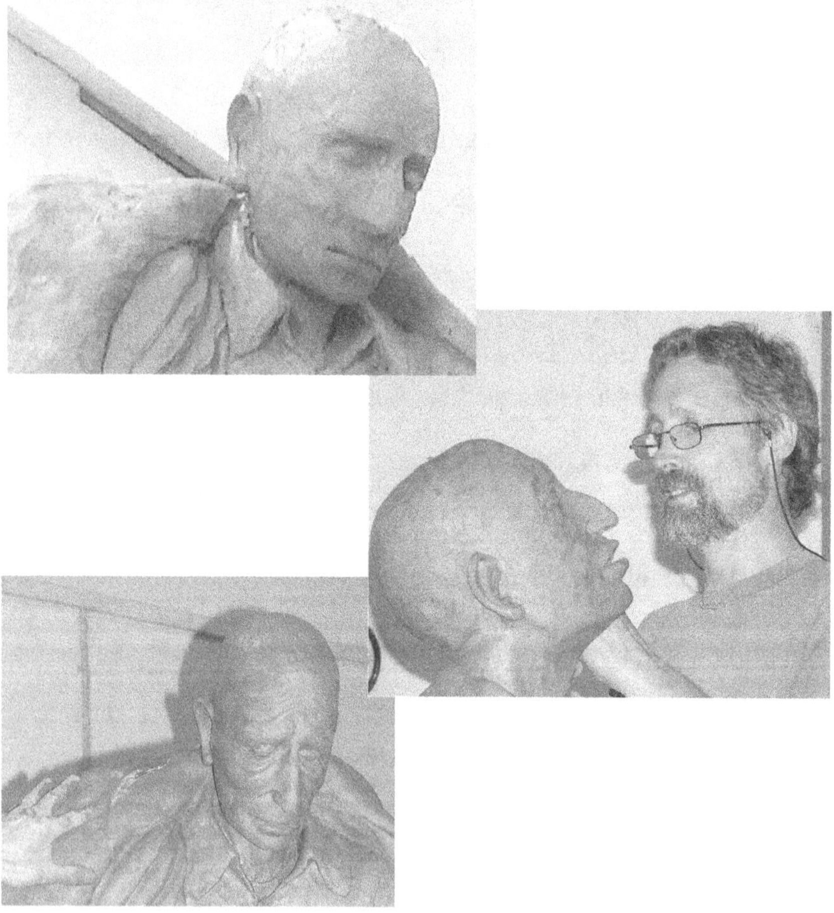

33. KAPITEL

Begegnung mit dem Modell,
das den Holocaust verkörpert

Weil das Bildnis von Johannes, dem Jünger, sich zu einer Person geändert hatte, die den Holocaust verkörperte, musste ich ein neues Modell finden. Yad Vashem, die Holocaust-Gedenkstätte in Jerusalem, verfügt über ein umfangreiches Fotoarchiv mit beinahe zweieinhalb Millionen digitalen Bildern. Einige wurden von privater Seite zur Verfügung gestellt, und andere waren von alliierten Soldaten, den Nazis und der russischen Armee aufgenommen wurden.
Für zweieinhalb Stunden sah ich mir Bilder auf einem Computerbildschirm an und suchte nach einem bestimmten Gesicht, das den Holocaust symbolisieren oder als Modell für die Holocaust-Figur in diesem Werk dienen konnte. Es war sehr schwer, diese Bilder anzusehen, da sie mich in eine Welt der Dunkelheit und Schmerzen zogen, die ich nur oberflächlich kannte.

Plötzlich erschien ein Gesicht auf dem Bildschirm, das einen sehr dünnen Mann bis zu seiner Taille zeigte, der eine Decke über seine Schultern trug und mich direkt anblickte. Sein furchtbar trauriges Gesicht war ausgemergelt und gezeichnet, und er sah so müde aus. Doch es waren seine Augen, die mich tief berührten. Trotz seiner Erschöpfung schien ich einen Funken Leben in ihm zu bemerken, und ich konnte mir vorstellen, dass er mir viele Geschichten erzählen könnte. Das ist er! Ich wusste, er würde mein Modell sein.
Der Archivangestellte in Yad Vashem machte eine Fotokopie, konnte mir aber keine elementaren Infos, wie seinen Namen, woher er stammte und wie alt er war, geben.

In den folgenden neun Monaten begann ich, während ich die Reaktionen der Figuren des Holocaust zu den sieben letzten Worten entwarf, das Gesicht jenseits des Fotos kennenzulernen. Ich versuchte ihn von der Seite abzuziehen, ihn drei-dimensional zu machen. Bei der Gestaltung jeder der sieben Holocaust-Figuren hatte ich das fotokopierte Bild immer griffbereit.

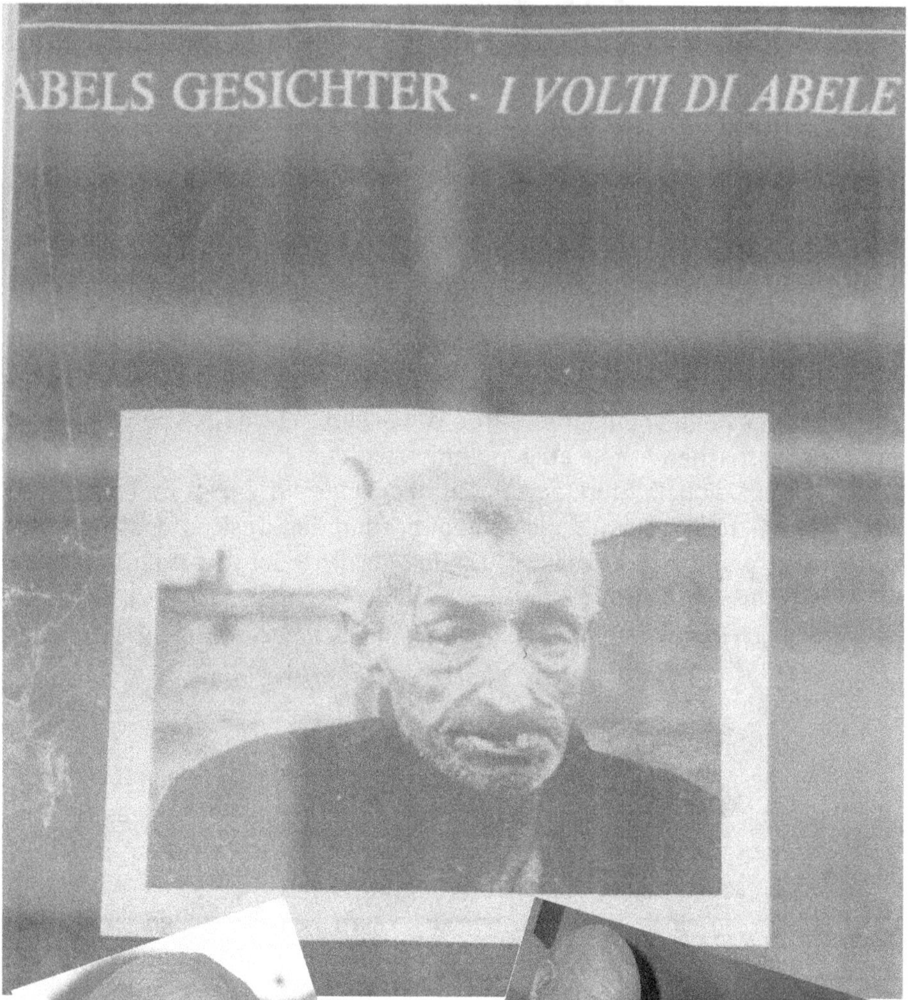
ABELS GESICHTER · I VOLTI DI ABELE

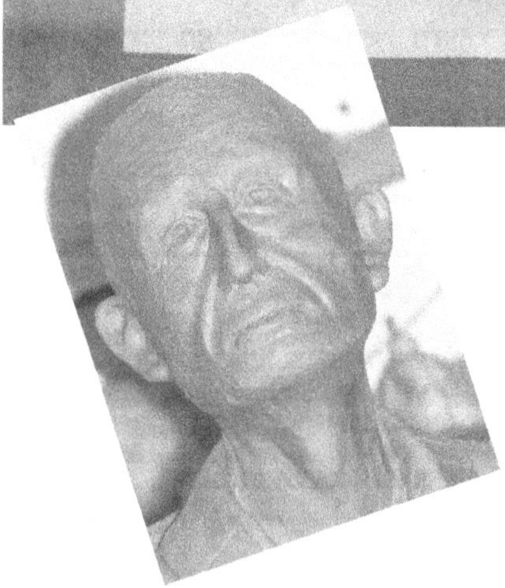

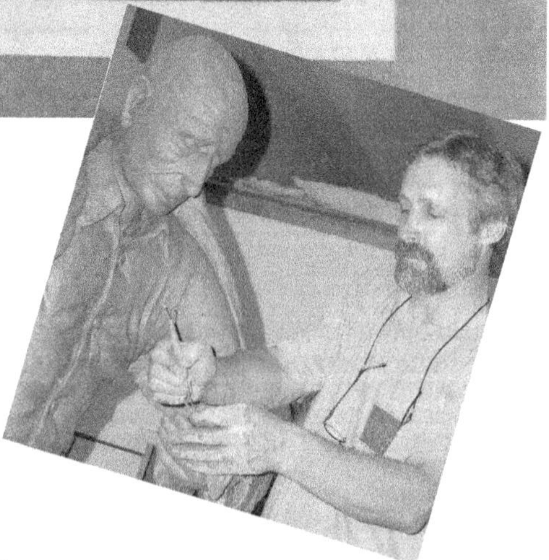

Jede Reaktion erforderte eine weitere Körperhaltung und einen anderen Gesichtsausdruck.

Ich schuf die verschiedenen Gesichtsausdrücke, indem ich die Art und Weise erahnte, wie sich seine Gesichtslinien verändern würden, wenn er schrie oder in tiefer Verzweiflung, ängstlich oder ärgerlich war. Ich verbrachte so viele Stunden mit seinem Gesicht, dass ich jede Linie und jede mögliche Muskelbewegung kannte. Da die Fotokopie sich nie veränderte, gab diese mir immer wieder einen Ausgangspunkt. Als dann die vollendeten Werke mehr und mehr mein Studio füllten, war er überall.

„Vater, in deine Hände lege ich meinen Geist!" – Während ich an der Darstellung dieses letzten Wortes vom Kreuz arbeitete, erhielt ich einen Anruf von einer deutschen Frau, die ich kannte und die in Jerusalem lebte. Viele Male hatte sie Reisen nach Polen organisiert, um die sechs wichtigsten Vernichtungslager der Nazis zu besuchen. Da sie wusste, dass ich an einem Werk arbeite, das mit dem Holocaust zu tun hat, dachte sie, ich sei vielleicht daran interessiert mitzufahren. Inzwischen war ich seit Monaten in dieser Meditation vergraben, und das Modell aus dem schwarzweißen Foto hatte sich in sechs lebensgroße Figuren verwandelt, jede mit ihrem eigenen speziellen Ausdruck. Es schien eine gute Idee zu sein, eine kurze Pause zu machen und weiter über die letzte Skulptur zu meditieren, während ich die verschiedenen Konzentrationslager besuchte.

Unsere Gruppe traf sich in Oswiecim (der polnische Name für Auschwitz), wo sich ein Lager befunden hatte. Unsere Tour begann in Auschwitz-Birkenau, dem größten und berüchtigtsten Vernichtungslager der Nazis. Obwohl die Nazis hunderte Konzentrationslager in ganz Europa hatten, waren die sechs Vernichtungslager alle in Polen. Bevor wir das Auschwitz-Lagermuseum besuchten, zeigte man uns einen fünfzehn-minütigen Dokumentarfilm über die Geschichte und den Bau des Lagers.

Wie ich erwartet hatte, war die Atmosphäre in dem Raum sehr schwer. Der alte Schwarz-Weiß-Film, kommentiert in englischer Sprache, bestand aus Filmmaterial der Nazis und aus Archivbildern.

Der letzte Teil enthielt russisches Filmmaterial, da die Rote Armee das Lager im Januar 1945 befreite. Während dieses schweren Winters im Januar wurden die meisten Gefangenen zu Todesmärschen in Richtung Deutschland gezwungen. Die Zurückgebliebenen waren oftmals krank, aber ein paar hatten es geschafft, sich zu verstecken.

Die Russen befreiten das Lager und filmten alles, was sie entdeckten. Ich konnte beinahe die Gefühle des Kameramanns spüren, der den gefundenen Horror enthüllte.

Als sie nach Birkenau kamen, blieb der Fokus aus irgendeinem Grund auf die Rückseite einer der hölzernen Baracken gerichtet. Die Tür der Baracke öffnete sich, und ein Mann trat heraus und lief auf die Kamera zu. Als er näherkam, nahm die Kamera in etwa seinen halben Körper auf, sodass man sein Gesicht richtig sah. Für circa zehn Sekunden konnte man sehen, wie er redete. Als ich in das Gesicht des Gefangenen sah, durchfuhr mich sofort der Gedanke: *Ich kenne diesen Mann!* Aber dann wandte ich ein: *Wie kann ich jemanden von 1945 kennen, der sich als Gefangener in Birkenau versteckte?* Trotz dieser Tatsache kannte ich ihn. Ich überlegte, dachte weiter nach: *Wie kann dies sein? An wen erinnert er mich?* Plötzlich war mir klar: *Dies ist mein Modell! Das ist er! Dies ist derselbe Mann, dies ist dasselbe Gesicht, das ich fast ein Jahr lang so sorgfältig studiert habe!*

Ich wollte schreien, brüllen: „Ich kenne ihn! Ich kenne jede Linie seines Gesichts, jede einzelne!"

Die Kamera blieb für eine gewisse Zeit auf ihn gerichtet, und er sprach sogar zum Kameramann; aber da der Schwarz-Weiß-Film über keinen Ton verfügte, konnte ich nicht hören, was er sagte, sondern nur sehen, wie sich sein Mund bewegte. Ich wollte ihm etwas antworten, aber der Film hörte einfach auf.

Ich war ganz benommen und wusste nicht, was ich machen sollte. Gern hätte ich den Film noch einmal angeschaut, aber wir mussten gehen. Es war unmöglich, den anderen in meiner Gruppe zu erklären, was ich empfand. Sie würden es ja doch nicht verstehen können, wenn ich ihnen erzählte, dass ich jemanden gesehen hatte, den ich kannte und wiederum nicht kannte. Dass ich viel Zeit mit ebendieser Person verbracht hatte, die bis jetzt ein Gesicht auf einem Stück Papier gewesen war, verschmiert mit Ton und Fingerabdrücken.

Während des restlichen Tages rasten mir alle möglichen Gedanken durch den Kopf. *Er hat überlebt! Er hat Auschwitz überlebt! Aber wie lautet sein Name? Wohin ist er nach dem Krieg gegangen? Ist er nach Israel gezogen? Hatte er Kinder? Leben diese eventuell in der gleichen Stadt, in der ich lebe?* All diese Fragen vermischten sich mit dem, was ich jetzt im Lager sah, dem Ort, den er trotz aller Widrigkeiten überlebt hatte. Wie hoch ist die Wahrscheinlichkeit, dass aus zweieinhalb Millionen Bildern in Yad Vashem, die tausende verschiedene Orte und Zeiten zeigen, ich dasselbe Gesicht bei einem Einführungsfilm im Auschwitz-Museum sehen würde?
Wirklich unglaublich, aber für Gott war nichts unmöglich. Ich wusste, dass, wenn Gott mir ermöglichte, auf diesen Mann „zu treffen", ich auch seinen Namen herausfinden musste und wo er nach dem Krieg geblieben war. Als einzigen Fakt hatte ich aus dem Film erfahren, dass er zur Zeit der Befreiung zweiundvierzig Jahre zählte.

Seit dieser Zeit bin ich sehr viele Male in Auschwitz gewesen und habe einige Leute kennengelernt, die im Museumsbüro arbeiten, einige Historiker und den verantwortlichen Mitarbeiter für die Archive. Indem wir durch die Namenslisten gingen, die die Russen angelegt hatten, grenzten wir die Liste auf 120 Männer ein, die zu dieser Zeit 42 Jahre alt gewesen waren. Ich schickte das Filmfragment, in dem der Mann spricht, an eine Gehörlosenschule in Polen und fragte, ob jemand von seinen Lippen ablesen könnte, was er sagte. Wenn er Polnisch sprach, würde dies ebenfalls meine Suche eingrenzen. Alle im Auschwitz-Museum waren sehr hilfsbereit und geduldig mit meiner Suche.
„Es ist, als versuche man eine Nadel in einem Heuhaufen zu finden", sagten sie immer wieder.
„Aber wenigstens habe ich den Heuhaufen gefunden", entgegnete ich ihnen.

Benjamin Netanyahu besucht Cadim während der Abzugsverhandlungen

34. KAPITEL

Umstrukturierung und eine Stimme,
die in der Wüste ruft

Als ich von meiner Reise aus Polen zurückgekehrt war, hatten sich die Dinge geändert und waren tiefgründiger geworden. Ich stand nun in einer Beziehung zu einer echten Person und nicht nur zu einem Foto, als ich die endgültige Figur, die den Holocaust in Ton verkörperte, modellierte.

Seit Jahren erörterten die Bewohner Cadims immer wieder die Frage der Räumung der Siedlung – ja oder nein? Beide Premierminister, Jitzchak Rabin und Ariel Sharon, gaben entgegengesetzte Botschaften. Wir fühlten uns wie ein Tennisball, der hin- und hergeworfen wird. Die Spannung vor der unbekannten Zukunft beeinflusste auch unsere praktischen Entscheidungen. *Sollten wir neue Küchenschränke einbauen? Sollten wir das Haus ausbauen? Sollten wir uns Sorgen machen? Vielleicht werden wir nicht mehr lange hier leben.*

Als Ariel Sharon Premierminister wurde, dachte jeder in Cadim, nun sicher zu sein und sich endlich entspannen zu können, aber dann änderte sich auf einmal alles. Völlig unerwartet begann die Regierung, über die Räumung einiger Siedlungen zu debattieren, und Cadim war eine von ihnen.

Obwohl ich den Gedanken nicht laut aussprach, hatte ich, während ich an der "Quelle" arbeitete, darüber nachgedacht, dass mein Studio für solch ein großes Kunstwerk nicht groß genug sein würde. Das erste Kreuzigungspaneel, an dem ich gearbeitet hatte, war „Mein Gott, mein Gott, warum hast du mich verlassen?" Ich befestigte dieses an eine Spannplattenwand, damit ich seine Dimensionen ermessen konnte und eine Vorstellung davon erhielt, wie dieses Werk in seiner vollen Größe wirken würde. Ich dachte nicht viel über Geld nach, sondern hatte das Gefühl, dem Herrn zu gehorchen. Er zeigte und bestätigte mir, dass ich in die richtige Richtung ging, obwohl ich überhaupt keine Ahnung hatte, wohin dies alles führen würde.

2003 war das Jahr, in dem ich die lebensgroßen Tonmodelle der Kreuzigungsfiguren gestaltete und gleichzeitig zwei Aufträge ausführte – einen in Europa (in Basel: „Esther") und einen anderen in den USA (in Indiana: „Der verlorene Sohn"). Diese beiden Aufträge brachten genug Geld ein, dass ich im folgenden Jahr vollzeitig an den lebensgroßen Modellen für den Holocaust arbeiten konnte.

Ich bereitete die Tonskulpturen des Holocaust für den Bronzeguss vor. Für diesen Teil wurde wieder sehr viel Geld benötigt, aber wieder dachte ich nicht wirklich darüber nach. Nach Auschwitz und dem, was Gott mir dort gegeben hatte, verfügte ich über genügend Antrieb, einfach weiterzumachen.

Im Jahr 2005 stand fest, dass eine Umsiedlung stattfinden würde, deshalb baten die Mitglieder unserer Siedlung gemeinsam einige Rechtsanwälte darum, uns zusammen mit einer anderen Siedlung zu vertreten. Aufgrund ihrer Erfahrung mit Yamit wussten die Rechtsanwälte bereits, welche Unterlagen im Vorhinein vorbereitet werden mussten, damit sie, wenn es an der Zeit wäre, als Erste eine Regierungsentschädigung beantragen konnten. Auf diese Weise hatten wir die beste Chance darauf, entschädigt zu werden. Jene, die zu lange warteten, würden nichts erhalten, denn bis dahin würde das Budget erschöpft sein. Fürs Erste sollten wir 75 % des Entschädigungsgeldes bekommen, und sobald wir eine physische Präsenz an einer neuen Adresse nachweisen konnten, sollten die restlichen 25 % überwiesen werden.

Im Frühjahr 2005, als wir den Herrn darum baten, uns zu zeigen, wo unsere nächste Bleibe sein sollte, kam uns das Wort "Juda" in den Sinn sowie „Die Stimme eines Rufenden ertönt: In der Wüste" (Jesaja 40:3). Ich sah mir das Gebiet des Stammes Juda auf einer biblischen Karte an und bemerkte sofort, dass Jerusalem dazugehörte. Allerdings reichte das Entschädigungsgeld nicht aus, um in Jerusalem eine Wohnung zu kaufen.

Bevor wir in die Siedlung gezogen waren, hatte uns der Herr deutlich gemacht, dass wir niemals Schulden haben dürften. Als wir das Haus in Cadim kauften, fragte ich den Herrn, ob ich eine Hypothek aufnehmen sollte, weil das ja bedeuten würde, wir hätten Schulden. Der Herr sagte uns damals, dass, wenn wir in Gehorsam zu Ihm verschuldet seien, wir einzig und allein Ihm gegenüber Schulden hätten.

Also fragte ich Ihn jetzt bei der Suche nach einem neuen Haus um Rat: Sollten wir zurück zum Keine-Schulden-Prinzip gehen, oder konnten wir nochmals einen Kredit verwenden? Ich fühlte den Herrn sagen: „Kehrt zurück zum Keine-Schulden-Prinzip!"

Dafna und ich wussten also, dass wir ein Haus kaufen mussten, ohne einen Kredit dafür aufnehmen zu können. Wir waren uns einig, dass wir von der Regierung nicht erwarten konnten, die letzten 25 % zu erhalten; deshalb sollten wir ein Haus kaufen, das in der Preisspanne der 75 % des Entschädigungsgeldes lag. Bald fanden wir heraus, dass wir in dieser Preisspanne lediglich im nördlichen Negev, welcher noch zu Juda gehört, ein Haus kaufen konnten, keinesfalls aber in Jerusalem. Am Ende bezahlte die Regierung doch die letzten 25 % der Entschädigung, und dies deckte dann die Kosten aller Bronzegüsse der Holocaust-Figuren ab.

Für uns war es der perfekte Zeitpunkt, ein Haus im Negev zu kaufen, denn die Marktpreise waren niedrig, und die Leute bemühten sich darum zu verkaufen und waren bereit, auch zu handeln.

„Herr", betete ich, „ich brauche ein Haus mit einem Studio UND eine Wand, die mindestens 16 Meter lang ist." Ich hatte berechnet, dass ich diese Länge benötigte, um „Fountain of Tears" (Quelle der Tränen) fertigzustellen.

Wir kannten eine Immobilienmaklerin, die in Arad, einer kleinen Stadt im nördlichen Negev, lebte. Wir beschlossen, dorthin zu fahren und uns mit ihr zu treffen, um eine allgemeine Vorstellung von dieser Gegend zu bekommen.

„Ich bearbeite viele Häuser", sagte die Immobilienmaklerin, „und bin gerade auf dem Weg, um eines in Arad anzusehen. Vielleicht möchten Sie es sich anschauen?"

Während die Immobilienmaklerin Dafna das Haus zeigte, ging ich auf die Rückseite des Hauses und fand einen L-förmigen Hof vor. Ein Teil des „L" beherbergte einen Abstellraum. *Das könnte mein Studio sein,* dachte ich.

Ich bog um die Ecke und trat in einen offenen Hof mit einer langen Mauer auf der einen Seite. Ich betrachtete diese und dachte: *Das ist die Mauer! Wie lang mag sie sein?* Ich hatte ja zum Herrn gesagt, dass ich ungefähr 16 Meter brauchte, diese Mauer war jedoch etwa 18 Meter lang. *Wow!*, dachte ich. *Wenn dies vom Herrn ist, dann ist Er sehr großzügig!* (Letztendlich brauchte ich wirklich die ganze Länge der Mauer, um die „Quelle" fertigzustellen.)

Ich schaute mir den Hof an, staunte darüber und dachte, *ich hoffe sehr, dass Dafna das Haus gefällt, denn ich werde diese Mauer kaufen!* Für Juli 2005 war der Endtermin für das Verlassen unseres Hauses festgelegt – der 27. Juli. Familien konnten vor diesem Datum ihre Häuser verlassen, aber am 27. Juli musste die Siedlung vollständig geräumt sein. Wir verließen die Siedlung mit gemischten Gefühlen. Beinahe mit jedem in Cadim waren wir freundschaftlich verbunden, und unser Leben als Gläubige lag vor ihnen offen und frei. Wir hatten viele Dinge gemacht, die sie nicht verstanden, aber trotzdem ein Leben in gegenseitigem Respekt geführt. Wir hatten sie nicht behelligt, sondern gewartet, dass sie uns Fragen über unsere Beziehung mit Jesus stellten, und tatsächlich entstanden ein paar tolle Gespräche daraus.

Unsere Söhne waren beide dort aufgewachsen und würden zahlreiche Kindheitserinnerungen aus dem Leben in der Siedlung mitnehmen.

Der Herr hatte diese Zeit zur Fürbitte bestimmt, die wir leben sollten. Nun stand der Beginn einer anderen Fürbitte bevor, die sich seit dem Wort der Rückerstattung entwickelt hatte und sich nun in unserem Leben in Arad mit „Fountain of Tears" etablieren würde. Wir waren froh darüber zu gehen.

Wegen des Studios erhielt unsere Familie eine Fristverlängerung bis zum 15. August. Von den zwölf Jahren, die wir in der Siedlung lebten, nutzte ich sieben Jahre lang einen großen Raum im Industriegebiet als Studio. Ich hatte über die Jahre hinweg viele Werkzeuge und Materialien angesammelt, aber das Größte, das transportiert werden musste, waren die Anfangselemente der „Quelle".

In diesen letzten Wochen arbeitete ich hart, um all die Stücke der Holocaust-Figuren zu schweißen. Im Juli zogen wir mit dem Haushalt um, und Anfang August transportierten wir den Inhalt des Studios auf das neue Grundstück.

Mein Kibbuz-Vater bat einen Lastwagenfahrer aus dem Kibbuz, mit einem 80-Tonnen-Kran auf einem gigantischen Tieflader zu kommen, um beim Transport des Studios zu helfen. Daniel, der zu dieser Zeit in der Armee war, erhielt einen zweiwöchigen Sonderurlaub. Er unterstützte mich dabei, hölzerne Kisten zu bauen und dann die Elemente der „Quelle der Tränen" dort hineinzupacken.

Der Kran beförderte die Kisten auf den LKW. Die Siedlung zum allerletzten Mal zu verlassen, war für uns beide, Dafna und mich, sehr merkwürdig. Wir fühlten nichts und schauten nach vorne.

Der Umzug nach Arad verhalf mir zu der Mauer, die ich für die "Quelle" benötigte, und für den Bau von all dem, was noch gebraucht wurde. Die Idee, Jerusalemer Stein in den Kreuzigungsszenen zu verwenden, entstand hier, und was zuerst als Baustellenbereich für die „Quelle" diente, sollte schließlich zum Ausstellungsraum werden, in dem wir heute die Besucher empfangen.

35. KAPITEL

Gethsemane

Langsam fing ich an zu sehen, wie die Kreuzigung und der Holocaust zusammenkamen. Es entstand ein Dialog des Leidens zwischen diesen beiden Persönlichkeiten, beide hatten tiefes Leid zu tragen, doch beide waren historisch sehr weit voneinander entfernt. Könnte es Gemeinsamkeiten zwischen ihnen geben? Hatte es eine Gemeinschaft des Leidens gegeben? Ich wusste es nicht, aber vielleicht würden sie zu mir reden, währenddem ich sie gestaltete. Aber um dies zu tun, musste ich zurück zum Anfang gehen – nach Gethsemane.

Mit dem Wort „Gethsemane" ist so viel verbunden: es ist ein Ort der Dunkelheit, voller Horror und einem intensiven Willenskampf. Aber es ist auch ein Garten, in dem Oliven geerntet und zu Öl gepresst werden – in biblischen Zeiten zur Heilung und zur Salbung von Königen verwendet. In der dunkelsten aller Nächte wurde der Wille zu leben zerschlagen und gepresst, um das Öl des Lebens zu geben. Zerquetscht, nicht einfach gestorben, was den Kampf vereinfacht hätte, sondern durch langsame und methodische Folter. Dies ist ein Tod, der konzipiert ist, um größtmögliche Schmerzen für die längstmögliche Zeit zuzufügen.

In gewisser Weise zeigt die Gethsemane-Skulptur, was ich fühlte, bevor ich die „Quelle der Tränen" schuf. Ich durchlebte solch einen Kampf, diesen gottgegebenen Auftrag anzufangen, denn ich wusste, es würde mich alles kosten, ich konnte all meine Freunde verlieren. Das Wunder, dass ich, ein Nichtjude, die israelische Staatsbürgerschaft erhalten hatte, war für mich ein Zeichen des Himmels, welches mir zeigte, dass ich in Israel bleiben solle, um ein Teil davon zu werden sowie die Sprache zu erlernen. Ich war in den Kibbuz eingetreten und später Soldat in der IDF gewesen. Gott hatte mir für dieses Volk Liebe geschenkt; die Beziehungen, die sich allmählich entwickelten, reflektierten Gottes Hand auf allem.

Es war mir eine große Ehre, Teil dieses Volks zu sein. Könnte es passieren, dass ich das alles wieder verlieren würde? Der Holocaust war einer der Hauptfäden, der sich durch das Gewebe des Landes zog. Diese Thematik zu berühren, fühlte sich an, als würde man in etwas so Heiliges eindringen, dass man es besser vermeiden sollte. Es war ein Ort, dem man sich mit Fragen, aber niemals mit Antworten näherte.

Wie konnte ich die furchtbaren Erinnerungen des Holocaust mit der Kreuzigung von Jesus und Seinen sieben letzten Worten in Verbindung setzen? Meine israelischen Freunde würden wütend auf mich sein, dass ich, ein Nichtjude, der vorgab ihr Freund zu sein, es wagte, einen Dialog zwischen diesen beiden Ereignissen zu gestalten, die einander nur verfluchten.

Kann es einen Dialog geben, der das Leid des anderen widerspiegelt?, fragte ich mich. *Kann es eine Gemeinschaft des Leidens zwischen den beiden geben, die Reinigung und Heilung für alle diese Missverständnisse und den tiefen Hass bringen wird?*

Der Kampf mit diesem Auftrag war wie ein persönliches Gethsemane für mich; meine eigenen Rechtfertigungen und jene selbsterhaltenden Argumente mussten sterben; jetzt musste ich mit dem Modellieren beginnen. Ich wurde an Jeremia 8 erinnert: *„O dass mein Haupt zu Wasser würde und mein Auge zum Tränenquell, so würde ich Tag und Nacht die Erschlagenen der Tochter meines Volkes beweinen!"*

Wissend, dass diese Reise nicht nur das Modellieren eines großen Projekts, sondern eine Reise des Gebets und der Fürbitte war, fragte ich mich, wo ich anfangen sollte. Vielleicht in Gethsemane? In einer Weise war das der Ort, an dem die Kreuzigung begann. An diesem Ort zeigte der Vater dem Sohn, was vor Ihm lag.

Der Holocaust – könnte diese Gartenszene all jenen Nächten ähneln, in denen das jüdische Volk zusammengetrieben und in die Gefängnisse oder Lager geschickt wurde? Für Jesus war es die Nacht Seiner Gefangennahme, als sie Ihn festnahmen und hinwegführten. Verschiedene Schritte wurden unternommen zwischen dem Zeitpunkt Seiner Inhaftierung und Seiner endgültigen Verurteilung. Nach zahlreichen politischen Manövern und Manipulationen geschah die Endlösung – Sein Tod durch Kreuzigung.

Das jüdische Volk war zuerst durch die Nürnberger Gesetze gebunden und dann in die Gefangenschaft der Gettos gebracht worden, bis die SS die Endlösung vollzog – den Tod durch die Gaskammern, Kreuzigung.

Ich modellierte die Jesus-Figur so, als würde sie sich über den großen Stein ergießen, als würde Sein Körper die Form des Steins annehmen. Der Schwerpunkt Seines Ringens wird durch den Kelch des Leidens verkörpert, den Er hält. Sinnbildlich ist dieses Leiden in Form eines Kelchs dargestellt, der bis zum Rand mit Leiden gefüllt ist. Als der Vater dem Sohn alles zeigte, was in dem Kelch war, vermischte sich Jesu Schweiß mit Blutstropfen, die über den Stein liefen. Hatte Er überhaupt wissen können, dass es einen Moment des völligen Verlassenseins von Seinem Vater geben würde? Und der Vater bat Seinen Sohn, von diesem Grauen zu trinken – für die Erlösung genau jener, die Ihn verfolgt und gehasst hatten.

In der Skulptur hält Jesus den Kelch in Seiner linken Hand und streckt den Arm vollständig aus, so weit weg von Seinem Mund wie nur möglich. Er hält den Kelch zwischen Zeigefinger und Daumen, während die anderen drei Finger ihn nicht berühren. Dies symbolisiert die Entschlossenheit von Jesus; die drei Finger stellen dar, wie Er Seine Jünger dreimal ruft, mit Ihm zu beten, sie aber schlafend vorfindet.

Dreimal betete Er zum Vater, dass der Kelch an Ihm vorübergehen möge. In dieser dunkelsten aller Nächte traf Er allein die furchtbare Entscheidung: „Vater, wenn es Dein Wille ist, nimm diesen Kelch von mir – doch nicht mein, sondern Dein Wille geschehe!"

Die Kreuzigung begann in dem Moment, als Jesus Seine Zustimmung gab, den Kelch des Leidens zu trinken.

36. KAPITEL

Zwei böse Pläne für einen gewaltsamen Tod

Weder die Kreuzigung noch der Holocaust waren natürliche Todesursachen; tatsächlich war jede einzelne von ihnen wohl durchdacht und dazu geschaffen, den maximalen Umfang an Schmerzen zuzufügen – beide in einem gewaltsamen Tod endend. Jesus wurde dafür vor Gericht gestellt, beschuldigt und verurteilt, der König der Juden zu sein. Für die Holocaust-Opfer bedeutete, jüdisch zu sein, bereits das Todesurteil. Beide starben auf ähnliche Weise, wurden begraben und zu neuem Leben erweckt. Während Jesus drei Tage begraben war, waren die Juden drei Jahre begraben. Die Wiederauferstehung Jesu schuf ein himmlisches Königreich, wohingegen die Wiederauferstehung des jüdischen Volkes eine Nation schuf.

Ich begann nachzudenken. Auf dieser Ebene schien es eine Verbindung des Leids zwischen der Kreuzigung und dem Holocaust zu geben. *Könnte es eine tiefere Verbindung zwischen den sieben letzten Worten und dem Holocaust geben? Wo liegt die Identifikation, falls es überhaupt eine gibt? Befinde ich mich auf einer merkwürdigen kreativen Reise, die nirgendwohin führt?*

Ich wusste, dass ich um jedes Wort im Gebet würde kämpfen müssen. Ich würde Inspiration nicht aus meinen persönlichen Erinnerungen des Leidens, sondern aus dem Herzen des Vaters beziehen müssen. Seine Erinnerung war gefüllt mit den letzten Schreien Seines Sohnes und den Tränen jedes einzelnen jüdischen Opfers, das während des Holocaust umgekommen war. Er erinnerte sich an jeden Ort, an dem ein Mann, eine Frau oder ein Kind ermordet wurde.

Ich würde es nicht wagen anzunehmen, dass ich durch diese Arbeit die Schmerzen von Jesus und dem jüdischen Volk verstehen könnte, aber ich wusste, dass Gott mir die Erlaubnis gegeben hatte, dieses Kunstwerk zu schaffen. Ich fing an, das Vaterherz zu hören, und deshalb war ich fähig, mich mit ihnen zu identifizieren.

Diese sieben Worte – sie mussten eines nach dem anderen genommen werden, denn jedes Wort würde Teil meines Lebens werden. Von dem Moment an, wenn ich morgens aufwachte, fing ich an, über einen bestimmten Satz nachzudenken und grübelte über diesen nach, während ich den feuchten Ton um das metallene Skelett formte, das letztendlich eine lebensgroße Figur werden würde. Die Worte gingen mir durch den Kopf, während ich versuchte, ein technisches Problem zu lösen oder an einem Stück modellierte, das geändert werden musste. Mit Ton zu arbeiten war großartig, die Arbeit wurde zu einer Zeit echter Meditation, und gewöhnlich arbeitete ich stundenlang in der Stille mit diesem Material, das so nachgiebig war und so viel gab.

Allmählich nahm der Ton eine Form an, in der ich meine Gedanken, meine Gefühle und meine Gebete wiedererkannte. Vor allem hoffte ich, dadurch Seine Gebete und Sein Herz weitergeben zu können, denn nur dann würde mein Werk ein Akt der Fürbitte werden. Dafna und ich wussten, dass dieser kreative, vermittelnde Prozess Jeremias Worte reflektieren würde und dass dies irgendwie auch das Wort der Rückerstattung berührte. Wir wussten nicht, wie, aber immer schon hatte es für uns mehr Unbekanntes als Bekanntes gegeben.

Jeremias Tränen wurden durch Wasser symbolisiert, welches langsam über die sechs Feldstein-Säulen tropfte, die die sieben Paneele zu einer langen Mauer verbanden.
Am Fuß jeder Säule wurde das Wasser aufgefangen und unterirdisch zu sechs Olivenbäumen, die außerhalb des Hofes der Wüste zugewandt standen, geleitet. Diese Bäume verkörperten das prophetische Wort der Rückerstattung, und das Wasser stellte die lebensgebenden Tränen dar, die über die sechs Millionen vergossen worden waren, die im Holocaust gestorben sind.

Die letzten Worte, die Jesus während der Kreuzigung sprach, hatten große Wichtigkeit, da sie Seine letzten öffentlichen Worte an Juden und Nichtjuden waren. Das Zeichen „König der Juden" war die erste geschriebene öffentliche Erklärung über Ihn. Indem Er in diesem letzten Akt der Fürbitte Sein Leben gab, erhielt Er des Vaters Autoritätssiegel; nicht nur als König der Könige, sondern auch als der König der Juden – König über Seine eigenen Brüder.

Die Bronze-Figuren, die die Holocaust-Überlebenden darstellen, haben ihre eigenen visuellen Kennzeichen. Alles war damals dazu bestimmt, das jüdische Volk zu entmenschlichen, so dass man sie nicht mehr voneinander unterscheiden konnte; sie waren nicht einmal als Menschen zu erkennen.

Viele wollten nicht sehen, was den Juden widerfährt; sie wendeten sich ab, damit sie nicht sähen, wie diese in die Gettos marschieren mussten oder in Viehwaggons verladen und schließlich in Konzentrationslager gesperrt wurden. Ähnlich wendeten die Menschen ihr Gesicht ab, damit sie sich Jesus nicht ansehen mussten; nachdem dieser so viele Schläge erhalten hatte, war auch Er unkenntlich geworden.

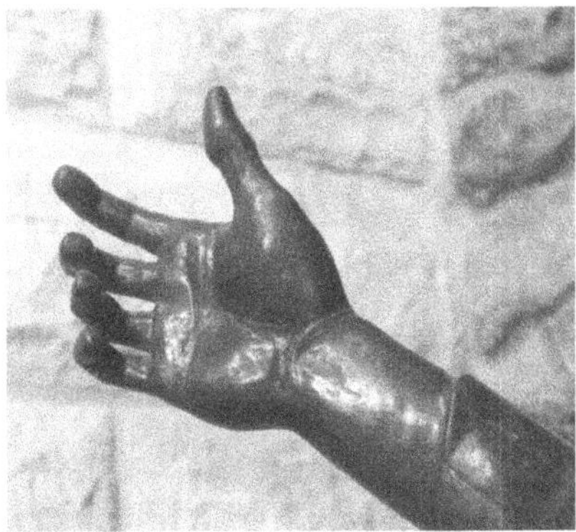

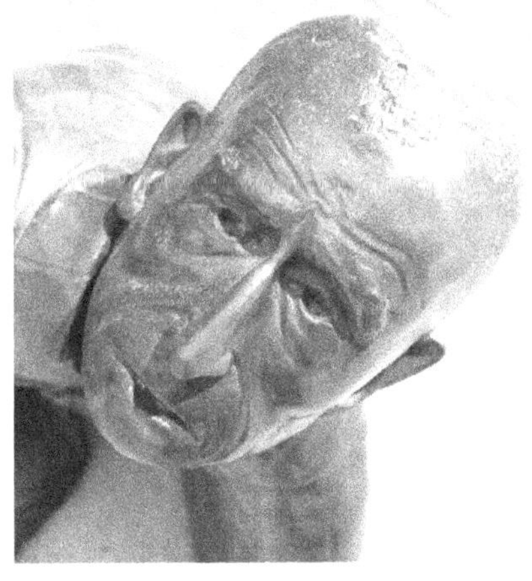

Durch Körpersprache – entweder durch ihren Gesichtsausdruck oder die Art und Weise, wie sie ihre Hände hält – antwortet die Holocaust-Figur auf die vom Gekreuzigten gesprochenen Worte. Die Art und Weise, wie sie die Steinsäulen berührt, ruft die Erinnerung an jene wach, die gestorben sind. Erst viel später entdeckten wir, dass die dunkelbraunen Steine, die wir ausgewählt hatten, um die Säulen zu machen, „verbrannte Steine" genannt werden, die nur in der Gegend des nördlichen Negev gefunden werden können. Wenn dieser dunkle, sehr harte Stein nass wird, nimmt er die gleiche bernsteingelbe Farbe wie die Bronze-Figuren an.

37. KAPITEL

Das Gesicht eines traurigen Engels

Vor und während der Zeit, in der ich an der "Quelle" arbeitete, las ich viele Bücher über den Holocaust. Das Buch, das mich am meisten berührte, war *„Die Nacht"* von Elie Wiesel. Einer der stärksten Abschnitte des Buches fand sich für mich im Vorwort, das von Francois Mauriac geschrieben war. Während dieser Zeit steckte ich in der vorbereitenden Phase der „Quelle" und suchte verzweifelt nach etwas, das mir dabei helfen könnte, mit dem kreativen Prozess zu beginnen.

Und dann las ich folgende Textstelle:

„An diesem furchtbaren Tag, unter all den anderen schlechten Tagen, als das Kind (Elie Wiesel) Zeuge der Erhängung (!) eines anderen Kindes wurde, welches, wie er uns erzählt, das Gesicht eines traurigen Engels hatte, und hört, wie jemand hinter ihm stöhnt: ,Aber Du, Gott, wo bist Du?'"

„Und ich hörte eine Stimme in mir antworten: „Wo er ist? Dort – dort hängt er, am Galgen.'"

„... Und ich, der ich daran glaube, dass Gott Liebe ist, was für eine Antwort hatte ich meinem jungen Gesprächspartner zu geben, dessen dunkle Augen immer noch die engelhafte Traurigkeit widerspiegelten, die eines Tages auf dem Gesicht des erhängten Kindes erschienen war? Was sagte ich zu ihm? Erzählte ich ihm von dem anderen Juden, diesem gekreuzigten Bruder, der ihm vielleicht ähnelte und dessen Kreuz die Welt erobert hatte? Erklärte ich ihm, dass das, was ein Stolperstein für seinen Glauben war, für mich zu einem Eckpfeiler meines Glaubens geworden ist? Und dass die Verbindung zwischen dem Kreuz und dem menschlichen Leiden in meinen Augen der Schlüssel zu einem unergründlichen Mysterium blieb, in dem der Glaube seiner Kindheit verloren war. Und doch ist Zion wieder aus dem Krematorium und den Schlachthäusern auferstanden. Die jüdische Nation ist aus und inmitten ihrer Tausenden von Toten wiederauferstanden. Sie sind es, die ihr ein neues Leben gegeben haben. Wir kennen den Wert des einzelnen Blutstropfens und der einzelnen Träne nicht. Alles ist Gnade. Wenn der Allmächtige der

Das Buch *„Die Nacht"* von Elie Wiesel war für mich eine starke persönliche Darstellung der Reise eines vierzehnjährigen Jungen in die Finsternis des Holocaust. Der Holocaust muss durch die Augen einer einzelnen Person betrachtet werden, um die Zahl von sechs Millionen irgendwie begreifen zu können. Aber die Worte von Francois Mauriac in der Einleitung des Buches zeigten mein eigenes persönliches Dilemma; wie er konnte ich keine Worte finden, sondern einfach nur umarmen und weinen. All die Zeichnungen, die ich in der Hoffnung angefertigt hatte, einen Anfangspunkt zu finden, mussten beiseitegelassen werden. Den Ton zu umarmen, und die Tränen, auf die ich treffen würde, würden meine Bezugspunkte bei dieser Reise sein. Diese Tränen forderten eine Antwort auf einen Ort der Finsternis, den ich nicht verstand, aber zu dem ich gehen musste.

Der kreative Prozess war wie ein Gebet, dessen Anfang sich aber nicht in mir befand. Wie die Flut von Tränen, die den Moment des „Payback"-Wortes erfüllten, schien diese Interaktion ebenso von mir losgelöst zu sein. Mein Leben in der Nachfolge von Jesus hatte nie darauf basiert, irgendetwas zu wissen, sondern auf einer Antwort auf das, was ich von Ihm wahrnahm. Wissen, zumindest teilweise, erlangte ich jedes Mal erst später. Ich verstand nicht immer alles, aber ich nahm Seine Gegenwart wahr. Sie schien von Tränen gekennzeichnet zu sein, Tränen von solch tiefem, schmerzlichem Kummer, dass es mich ängstigte, aber nicht genug, um mich aufzuhalten.
Es war Seine Erinnerung und nicht meine; das hatte Er ganz deutlich gemacht. Wie tief der Schmerz sein würde, wusste ich nicht, auch nicht, wie ich diesen ertragen konnte, aber ich musste auf ihn antworten.

Jetzt war es an der Zeit, in die sieben letzten Worte von Jesus vorzudringen. Sie würden den Zugang schaffen.

Als ich erkannte, dass es eine Verbindung zwischen Jesus und den Holocaust-Opfern bereits in diesen anfänglichen Schritten gab, war ich fasziniert.

„Vater, vergib Ihnen, denn sie wissen nicht, was sie tun."

Hier war Vergebung, keine hingespienen Worte des Hasses gegenüber jenen, die Ihn an dieses Kreuz genagelt hatten, weder ein Fluch noch eine Hoffnung auf Rache, sondern ein Gebet, eine Fürbitte für die Mörder, die flehentliche Bitte an den Vater, Seine Gnade den Mördern zu zeigen, weil sie nicht wussten, was sie getan hatten. Je mehr ich darüber nachdachte, desto mehr war ich erstaunt.

Diese Vergebung kam nicht aus der menschlichen Natur, sondern war die Reflexion eines Sohnes, der Sein Leben auf das des Vaters ausgerichtet hat.

Wie konnte ich dies mit dem Ton zum Ausdruck bringen? Dieses Gebet, das um Vergebung bat, bestand nicht nur aus schwach geäußerten Worten, sondern war eine Verkündigung, beinahe ein Schrei. Ein Schrei, der Sein eigenes Leben definierte. Und außerdem stellte es den Beginn eines Bundes dar.

Dieser Bund würde einzig und allein auf Vergebung errichtet sein, sogar für die, die durchaus nicht vergeben wollen.

 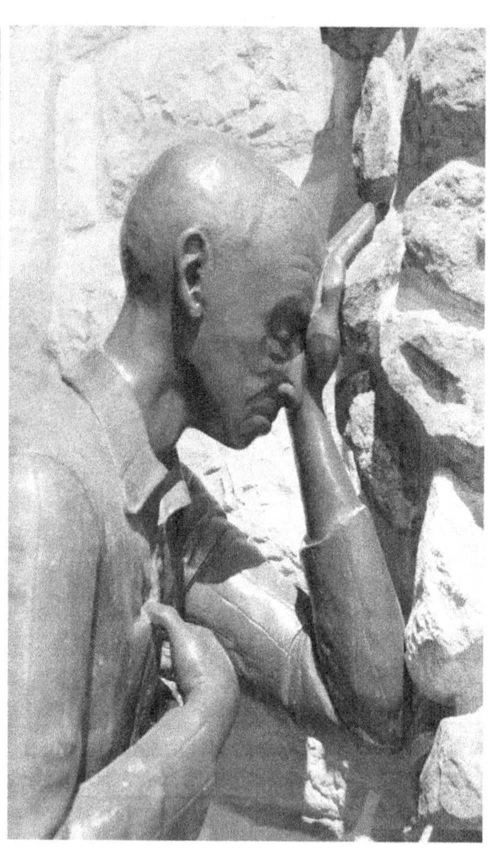

38. KAPITEL

"Vater, vergib ihnen!" Lukas 23:34

Keiner kennt die genaue Reihenfolge der Worte, die bei der Kreuzigung gesprochen wurden, aber ich stellte mir vor, dass die Worte "Vater, vergib ihnen!" die ersten und vordersten im Geiste Jesu waren. Dies, fühlte ich, sollte das erste Paneel sein, da die Kreuzigung an sich ein Akt ist, der Vergebung bringt. Das Lamm Gottes war geschlachtet worden, um einen Bund der Vergebung zu schaffen. Ich glaube nicht nur, dass er jenen vergeben hat, die Ihn gekreuzigt haben, denen, die dafür sorgten, dass es geschah, und dem römischen Soldaten, der die Nägel in Seine Hände und Füße geschlagen hatte – Jesus verwandelte Seine Vergebung in einen Bund, einen neuen Bund, in einen Weg des Lebens für jene, die Ihm folgten.

Ich modellierte die Figur von dem gekreuzigten Jesus so, dass Sein Kopf nach vorn ging und Sein Gesicht Seine Absicht ausdrückte. Er konzentriert sich nicht auf die physischen Schmerzen, sondern auf die Verkündigung: „Vater, vergib ihnen!" Indem Er diese Worte äußerte, schuf Er den Bund. Und Seine Hände, obwohl sie ans Holz genagelt sind, werden weit offengehalten, während Er weiter jenen gibt, die willens und bereit sind zu empfangen.

Die Figur, die den Holocaust darstellt, wendet sich in Richtung der Steinsäulen, so, als ob sie sich in jene lehnen würde, die gestorben sind. Sie ringt mit dem Wort der Vergebung, weil dieser Bund fordert, dass, wenn wir Vergebung empfangen, wir auch anderen vergeben müssen. Das Empfangen der Vergebung wird von der Holocaust-Figur gezeigt, indem sie mit einer Hand an ihre Brust greift, während die andere Hand nach außen gewandt ist und auf der Steinsäule ruht, so als ob Vergebung ausgeteilt wird.

Aber wie kann der Überlebende diesen Tätern, den Mördern von jenen, die gestorben sind, vergeben, während er weiterhin lebt? Er kämpft.

Sein Leben ist mit den Steinen der Verstorbenen verbunden, mit ihnen verwoben. Seine größte Angst ist, dass in dem Moment, in dem er vergibt, die Verstorbenen vergessen werden. Wenn das passiert, wären sie zweimal verraten worden.

„Niemals vergeben, niemals vergessen" ist eine allgemein akzeptierte Erklärung in Israel in Bezug auf den Holocaust. Es ist beinahe so, als ob das sofortige Resultat von „Vergebung" das „Vergessen" sein würde.

Eines Tages traf ich Martin, einen Überlebenden des Holocaust, der kurz nach dem Krieg in die USA emigriert war. Martin und seine Ehefrau lebten bei Denver und hatten sich mit christlichen Zionisten angefreundet, die sie zu vielen pro-israelischen Events in ihre Gemeinde eingeladen hatten. Im Laufe der Jahre war Martin ein geachteter Freund dieser christlichen Gemeinde geworden. Eines Tages vertraute Martin seinen Freunden an, dass er an wiederkehrenden Albträumen leide, in denen er den Horror der verschiedenen Lager, die er überlebt hatte, wieder erlebte. Diese Erinnerungen ließen ihn in einem aufgewühlten Zustand zurück.

„Wir können für dich beten, Martin", bot das Paar an. „Gott kann dich heilen. Dann werden dich diese Albträume nicht länger plagen."

"Oh, bitte tut dies nicht!", flehte Martin sie an. „Falls ihr für mich betet, dann weiß ich, dass diese Albträume aufhören werden. Bitte tut es nicht!"

„Aber warum?" Das Paar war von seiner Reaktion schockiert.

„Weil dies meine einzige Verbindung zu jenen ist, die ich verloren habe", sagte er. „Und obwohl die Erinnerung an jene, die gestorben sind, immer noch sehr schmerzhaft ist, kann ich mich von ihnen nicht trennen. Sie leben weiter in meiner Erinnerung, und ich werde sie immer in mir tragen, selbst wenn die Erinnerungen Albträume sind."

„Vater, vergib ihnen, denn sie wissen nicht, was sie tun" – dies ist die erste Aufzeichnung davon, dass Jesus speziell den Vater bittet, zu vergeben. Meistens war es Jesus selbst, der Worte der Vergebung gesprochen hatte und damit die Religiösen zu Seiner Zeit stark erzürnte.

Vielleicht sind die Kreuzigung und der Holocaust durch die Tatsache miteinander verbunden, dass kein menschliches Wesen dazu fähig ist, diese beiden Arten der Gräueltaten zu vergeben – keiner außer dem Vater.

Hat der Holocaust-Überlebende ein falsches Verständnis von dem Wort „Vergebung"? Ein falsches Konzept des Erinnerns? Hat er sich etwa eine Lüge zu eigen gemacht?

Für mich ist es schockierend, eine Kirche vorzufinden, die behauptet, dass Jesus ihr Herr ist, aber ganz offensichtlich Sein Gebet zur Vergebung jener, die Ihn gekreuzigt haben, ignoriert. Historisch gesehen hat die Kirche die Juden als Christusmörder gebrandmarkt, als ob die Worte „Vater, vergib ihnen" niemals die Juden einschließen könnten. Hat sie sich ebenfalls eine Lüge zu eigen gemacht?

Mein Kopf war voller Gedanken und Fragen, während ich diese ersten Worte durchging. Würden all die sieben Worte solch einen mentalen Dialog bewirken?

39. KAPITEL

"Heute wirst du mit mir im Paradies sein!" Lukas 23:43

Ich liebe die Worte "Heute wirst du mit mir im Paradies sein", da dies die Worte sind, die zu einem verzweifelten sterbenden Mann gesprochen werden. Dessen Bitte, der Herr möge seiner gedenken, gefolgt von der Antwort Jesu, zerstört alle Doktrinen und Gebote, die wir als gesetzliche Voraussetzungen für den Zugang zur Erlösung geschaffen haben, als seien wir die Hüter der Erlösung.
„Herr, gedenke an mich, wenn du in deine Königsherrschaft kommst!", ist alles was der Dieb von Jesus bittet. „Bitte vergiss mich nicht!"

Links von Jesus hängt der andere Dieb. In den letzten Minuten seines Lebens verhöhnt er und flucht. Ich modellierte die linke Hand des Gekreuzigten abweisend, weggewendet; dies ist kein Zeichen des Urteilens, sondern ein Zeichen der Enttäuschung. Dieser Dieb vergisst, dass er ein Mann ist, der Gott braucht.

Das Herz des Vaters, das in Jesu Brust schlägt, wendet sich dem Dieb auf der rechten Seite zu, der sich erinnerte, wer er selbst war. Die Figur der Kreuzigung lehnt sich stark nach rechts, obwohl Sein Körper durch die Nägel behindert ist. Die rechte Hand der Kreuzigungsfigur versucht die Steinsäule zu berühren, wie ein Bild von Gott, der sich nach allen ausstreckt, die nach Ihm rufen – sogar erst in den letzten Momenten ihres Lebens – und darum bitten, dass man sich an sie erinnere.

Ich versuche in dieser Figur das Herz Jesu widerzuspiegeln, welches das Vaterherz Gottes ist. „Vater" – dieses Wort beinhaltet Autorität.
Dieser Gedanke gab mir Hoffnung: Wenn in den letzten Lebensmomenten Jesus den Ruf eines Diebes erhörte, der darum bat, dass man seiner gedenke, wie viel mehr würde Er Sein eigenes Volk erhören. Ihre Schreie aus dem Holocaust mussten Ihn dazu bewegt haben, ihr Leiden zu prüfen und sich damit zu befassen. Ich fing an zu glauben, dass Gott als Vater sie nicht vergessen konnte.

Er musste antworten, oder Er würde Seine eigene Rolle als Vater vergessen. Die Figur, die den Holocaust darstellt, steht aufrecht und zeigt
mit den Händen in zwei verschiedene Richtungen. Identifiziert sie sich
mit der Kreuzigung, oder hört sie ihre eigenen Worte aus dem Mund
dieser beiden Diebe?

Nachdem sie die Geschichte der beiden Diebe von mir gehört hatte,
gab eine Holocaust-Überlebende wieder, was die letzten Worte dieser
beiden gekreuzigten Männer waren, nämlich dass ein Dieb Jesus verfluchte und der andere darum flehte, dass man seiner gedenke: „Ich
kann mich mit beiden Dieben identifizieren", antwortete die Überlebende. „In Auschwitz lebten wir täglich am Rande des Todes. Mit der
wenigen Kraft, die wir noch hatten, gab es Tage, an denen wir Gott
verfluchten und verspotteten. Aber es gab auch Tage, an denen wir
nach Ihm riefen und Ihn anflehten, sich an uns zu erinnern."

Was sie sagte, erstaunte mich; ja, auf der einen Seite Verfluchen und
Verspotten, aber auf der anderen Seite wollten sie so sehr, dass man
sich an sie erinnere, so sehr das Leben berühren. Aus diesem Grund
zeigen die Hände der Holocaust-Figur in entgegengesetzte Richtungen.
Die eine greift nach oben rechts und identifiziert sich mit der Hand
Jesu, die Leben gibt, die zweite Hand hingegen, die in die entgegengesetzte Richtung weist, reflektiert den Dieb, der verflucht und ver-
spottet.

40. KAPITEL

"Frau, siehe, dein Sohn! ... Siehe, deine Mutter."
Johannes 19:26-27

Aus dem Blickwinkel der Kreuzigung können die Worte "Frau, siehe, dein Sohn! ... Siehe, deine Mutter" ganz einfach verstanden werden, weil sie so sehr das Herz Jesu widerspiegeln. Im tiefsten Schmerz, inmitten Seines Leidens, sorgt Er sich um Seine Mutter. In diesem Paneel suche ich danach, einen Weg zu zeigen, dass Jesus sie auf die Schultern eines Freundes setzt, jemandem, dem Er vertraut – Johannes, Seinem geliebten Freund und einzigen Jünger, der bis zum Ende der Kreuzigung bei Ihm bleibt.

Jesus vertraut seine Mutter Johannes an und übergibt sie seiner Obhut. Dieser muss sie nun unterstützen und tragen, so, als sei sie seine eigene Mutter. Indem Er dies tat, übergab Jesus Seine irdische Rolle als Sohn an Seinen Freund.

Diese unnatürliche Beziehung zwischen Johannes und Maria entstand aus einem Ort des Leidens. Könnte die Art und Weise, in der Johannes die Verantwortung gegeben wurde, sich von diesem Moment an um Maria zu kümmern, dem ähneln, was die Holocaust-Überlebenden fühlten, als sie die Verantwortung für jene übernahmen, die gestorben waren?

Die Figur des Holocaust-Überlebenden symbolisiert dies, indem er einen schweren Stoff auf seiner Schulter trägt. In den Falten dieses Materials kann man die Figur einer ausgemergelten und surrealen Frau erkennen. Er trägt „sie" auf einem Arm; der mit dem Stoff verwobene Körper ist über seine Schultern drapiert, und in seiner Hand hält er das Ende des Stoffes. Der Überlebende spürt eine ähnliche Beziehung zu den Erinnerungen der Toten, aber sie sind wie eine schwere Last für ihn, da es eine unnatürliche Beziehung ist. Die Mehrheit seiner Familie ist ermordet worden, aber an deren Stelle trägt er nun die Erinnerungen der sechs Millionen Menschen und identifiziert sich damit.

Diese unnatürliche Beziehung ist intimer als alles, was er vorher ge-

kannt hat. Er starrt auf das Ende des Stoffes in seiner Hand, denn es verkörpert die Erkenntnis dessen, was er selbst durchlitten hat. Während er anfängt, die Vernichtung und den Verlust seiner Verwandten und seiner Familie zu begreifen, dehnt der Stoff sich aus und bewegt sich förmlich seinen Arm hinauf. Und indem den Verlust seines Dorfes und letztendlich des Landes, das seine Heimat war, zu verstehen beginnt, nimmt der Stoff, der über seine Schulter drapiert ist und dann zu Boden fällt, die Form einer Frau an. Rücken, Hüfte und Beine der Bronzefigur der nackten Frau verschmelzen mit den sechs deutlich ausgeprägten Falten, die sich auf die sechs Millionen beziehen. Der Überlebende wird die Erinnerung dieser neuen und unnatürlichen Beziehung für den Rest seines Lebens tragen.

Über viele Jahre hinweg haben wir die „Quelle" sehr vielen Menschen gezeigt, aber wenn Holocaust-Überlebende zu Gast sind, fühle ich mich immer durch sie eingeschüchtert. Ich habe dieses Werk durch meine Beziehung mit der Kreuzigung und dem Holocaust geschaffen, aber der Überlebende trägt die Erinnerung in sich. Sie ist Teil von dem, was er ist, und von dem, was er geworden ist. Eines Tages brachte ein Freund von mir eine Besucherin mit. Sarah, weit über 70, sah wie eine typische Großmutter aus, ihre Haare waren ordentlich gemacht, und ihr Kleid war ein bisschen förmlich.

Erst später erfuhr ich, dass sie in den Niederlanden geboren wurde und, seit dem Alter von vier Jahren an, für die Dauer des gesamten Krieges bei verschiedenen Familien versteckt worden war. Am Ende des Krieges war die achtjährige Sarah die einzige Überlebende ihrer großen Familie.

Neben ihr stehend, vor den Paneelen, begann ich Sarah zu erklären, wie ich die „Quelle" gestaltet hatte. Ich war nervös, vor allem, weil sie so ruhig blieb. Sie sah mich nicht an, während ich sprach, sondern betrachtete aufmerksam die Skulptur.

Als wir zum dritten Paneel kamen "Frau, siehe, Dein Sohn! ... Siehe, deine Mutter.", wandte sie sich mir zu, sah mir in die Augen und sagte: „Wie hast du das gewusst? Wie hast du gewusst, dass ich diesen Mantel seit all diesen Jahren auf meinem Herzen trage? Wie hättest du dies wissen können!"

Ich wusste nicht, was ich antworten sollte, denn sie hatte das Recht, mir diese Frage zu stellen. Wie konnte ich dies wissen? Ich hatte keine persönliche Erinnerung an den Holocaust. Das war mit meinem Hintergrund ganz unmöglich.

„Ich wusste es nicht, aber Gott weiß es!", war alles, was ich sagte. „Hätte ich die Wahl gehabt, wäre ich vor diesem Projekt weggelaufen, aber Er hat mich nicht gelassen."

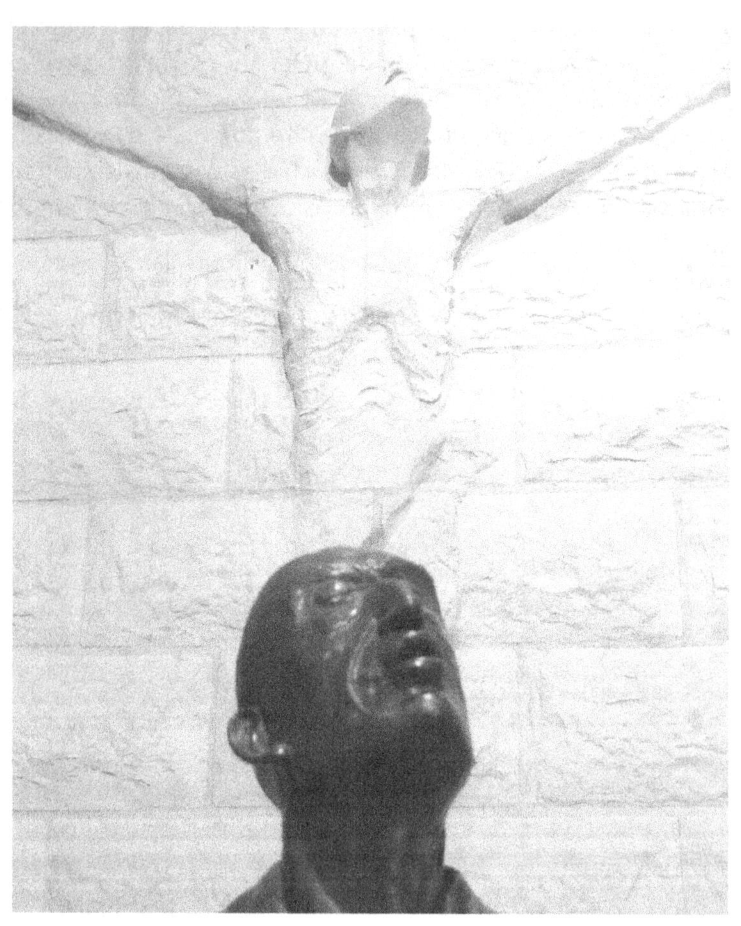

41. KAPITEL

"Mein Gott, mein Gott,
warum hast du mich verlassen?" Markus 15:34

Als ich mich dem nächsten Wort näherte, spürte ich eine Angst, eine Vorahnung, einen Schrei des Verlassen-Seins von einem Sohn, der die Gegenwart Gottes mehr genossen hatte, als irgendjemand sonst es jemals könnte. „Mein Gott, mein Gott, warum hast du mich verlassen?" Wie konnte ich dies modellieren? Es würde das schwerste Paneel von allen werden. Von den sieben letzten Worten würde dieses Wort der tiefste Ort des Schmerzes sein. Es würde der Ort des Verlassen-Seins sein, der so weit weg lag, dass Gott nicht gefunden oder irgendwie gefühlt werden konnte. Dies würde das Wort sein, mit dem die ständige Frage „Wo war GOTT?" verbunden ist.

Ich begann mit der Kreuzigungsfigur: Jesus als der Sohn, der den Verlust der Gegenwart des Vaters fühlt. Der Schrei muss furchtbar gewesen sein. Ich modellierte den Kopf so weit nach hinten gebeugt wie möglich, mit einem Mund, der weit geöffnet ist; alles zeigt nach oben. Die Lippen sind vergrößert, suchen nach dem letzten Atemzug. Nicht fähig zu sein, die Gegenwart des Vaters zu diesem Zeitpunkt, während der Kreuzigung, zu spüren, musste das Letzte gewesen sein, was Jesus sich jemals hätte vorstellen können, dass es Ihm widerfahren würde.

Ließ der Vater in Gethsemane Jesus vollständig wissen, was Ihm bei der Kreuzigung bevorstand? Wusste Er, dass der Vater Ihn absichtlich verlassen würde? War dies der Punkt in Gethsemane, als Jesus Blut schwitzte? Dieser Schrei in der Kreuzigung musste nach oben erfolgen, geeignete Worte suchend, aber nicht findend.
Ich dachte sogar, dass die Anfangsworte „Mein Gott, mein Gott" bereits einen Level des Verlassen-Seins zeigten. Wann hatte Jesus sich jemals auf Gott als Gott bezogen? Er hatte immer von Gott als Vater gesprochen. Während ich an diesem Stück arbeitete, besuchte ich einen sehr engen Freund, einen jüdischen Gläubigen, der Familienmitglieder im Holocaust verloren hatte.

Als ich ihm erzählte, dass ich mit dem Wort „Mein Vater, mein Vater, warum hast du mich verlassen?" wirklich kämpfte, gab er mir ein Buch, das von jemandem geschrieben war, der zum Sonderkommando gehört hatte. Dies waren Männer in Spezialeinheiten gewesen, die sich vor allem aus jüdischen Gefangenen in den Todeslagern der Nazis zusammensetzten.

Wegen der Gefahr, selbst ermordet zu werden, waren sie dazu gezwungen, „die Lüge zu ermöglichen". Sie mussten jenen, die aus den Zügen stiegen, sagen, dass dies nur ein Zwischenstopp sei und sie jetzt duschen gehen würden. Die Männer des Sonderkommandos konnten meistens Jiddisch sprechen und auf diese Weise dabei helfen, die Ängste und Fragen jener, die zum Abschlachten in die Gaskammern gebracht wurden, zu beruhigen.

Der Mann, der das Buch geschrieben hatte, bezeugte, dass der Vergasungsprozess zwanzig Minuten dauerte. In den ersten zehn Minuten konnte er hören, wie die Schreie und Gebete in der Gaskammer aufstiegen, während die Menschen starben, bis das Gas letztendlich die Schreie zum Verstummen brachte. Er sagte sogar jetzt als ein alter Mann, dass er niemals die Schreie vergessen könne, dass er sie immer und immer wieder höre. Dann berichtete er, wie vielfach von den sterbenden Stimmen ein Schrei aus den Anfangsversen des Psalm 22 zu hören war: „Mein Gott, mein Gott, warum hast du mich verlassen?"

Das erstaunte mich. Dieser Mann offenbarte in einem persönlich Bericht, dass die Worte, die in den Gaskammern gerufen wurden, genau die gleichen waren, an denen ich jetzt arbeitete, die gleichen wie der Schrei Jesu in der letzten Minute Seines Lebens.
Ich hatte noch nie gemerkt, dass dieselben Worte in den Psalmen standen; bisher war ich der Annahme, nur Jesus habe sie gerufen, während er am Kreuz hing. Die Identifikation der Kreuzigung und des Holocaust waren so genau, dass sich die Art und Weise änderte, wie ich dies modellierte.
Mir war jetzt ganz deutlich, die Figuren des Holocaust und der Kreuzigung mussten sich so ähnlich sein wie nur irgend möglich. Als ich den Holocaust-Überlebenden gestaltete, wusste ich, dass ich drei sichtbare Zeichen hatte, die ich verwenden konnte: den rasierten Kopf, die gestreifte Kleidung und die tätowierte Häftlingsnummer.

Während ich den Kopf für die Kreuzigung formte, verstand ich, dass dieser Kopf rasiert sein musste und er keinen Bart haben durfte. Gewissermaßen begann sich Jesus vollständig mit den Juden im Holocaust zu identifizieren, und dies fand ich beängstigend, so als ob ich mich zu einem Ort tiefer Intimität begäbe, von dem ich wusste, dass ich dort nicht hingehörte, an den ich jedoch gehen musste.

Ich wurde in Richtung der tätowierten Nummer geführt, dieser ultimativen Verbindung des Überlebenden zu dieser Hölle des Holocaust, dieser Erinnerungsort, der von seinem Körper niemals verschwinden würde. Das Haar konnte nach den Lagern wieder nachwachsen. Die gestreifte Kleidung konnte man verbrennen. Aber die Nummer würde immer bleiben, eingebrannt in den Arm – mit der Fähigkeit, einen Überlebenden innerhalb eines kurzen Augenblicks zurückzuversetzen zu seinen Erinnerungen an die Lager. Mir sind Überlebende bekannt, die, nachdem sie nach dem Krieg nach Israel gekommen waren, immer langärmlige Oberteile trugen, um die Nummer zu verdecken, damit niemand sie sehen konnte und Fragen stellen würde.

Ich habe eine Freundin, deren Eltern beide Auschwitz überlebt haben. Sie war ein Einzelkind, das, wie sie selbst es ausdrückt, mit Geistern aufgewachsen war – mit all den Verwandten, die sie niemals getroffen hatte und die gestorben waren, mit denen aber ihre Eltern in vielerlei Hinsicht das Leben teilten. Ihre Mutter sprach mit ihr über den Holocaust, was eigentlich untypisch ist. Ihr Vater jedoch war beinahe völlig stumm, außer dass sie ihn nachts weinen hörte. Sie erzählte mir, es sei ihr als kleines Mädchen unmöglich gewesen, Gefühle zu zeigen, weil sie wusste, dass ihre Eltern nicht damit umgehen konnten. Als sie vier Jahre alt war, verstand sie den Grund dafür, warum ihr Vater nie sprach und immer so traurig war – die eintätowierte Nummer auf seinem Arm. Sie fragte ihn, ob sie diese abwaschen könne, und er war einverstanden. Sie versuchte es sehr lange und mit vielen verschiedenen Seifen, aber die Nummer blieb. Sie würde für immer bestehen bleiben.
Ich wusste, dass ich eine Nummer in den Arm Jesu einmeißeln musste; es war eine vollständige Identifikation mit den Opfern des Holocaust nötig.

Ich wusste, was eine Nummer in den Augen der Überlebenden und deren Kinder bedeutete. Ich wusste, während ich eine Nummer auf die Figur Jesu eingravierte, dass die Kreuzigung eine Darstellung ist, die so viele negative Erinnerungen für das jüdische Volk mit sich bringt.

Wie konnte ich es wagen, diese Ebene des Schmerzes zu berühren? Dies war der schlimmste Moment in dem gesamten siebenjährigen Schaffensprozess der „Quelle".

Aber ich wusste, dass ich es tun muss, damit die Figur von Jesus und der Holocaustüberlebende genau gleich aussahen.

Wenn Besuchergruppen die "Quelle" anschauten, wurde ich bisweilen gefragt, warum ich mich dazu entschieden hatte, die Nummer 1534 auf den Arm einzumeißeln. Obwohl sie meinen emotionalen Kampf mit diesem Paneel nicht verstehen konnten, versuchte ich normalerweise zu erklären, wie schwer es für mich gewesen ist, die Nummer dort einzumeißeln, und wie ich mich letztendlich für die Nummer 1534 entschieden hatte, da eins plus fünf sechs ergibt und dadurch die sechs Millionen Juden, die gestorben waren, reflektiert werden, und drei plus vier sieben ergibt, was sich wiederum auf die letzten sieben Worte der Kreuzigung bezieht.

„Vielleicht gibt es noch eine andere Bedeutung für diese Nummern", behaupteten Leute.

„Ist mit dem jüdischen Volk im Jahr 1534 etwas Besonderes geschehen?", fragte jemand.

„Möglicherweise hat die Nummer etwas mit den Jüngern Jesu zu tun, als sie die ganze Nacht über fischten und nichts fingen?", sagte ein anderer. „Jesus hatte ihnen gesagt, sie sollten ihr Netz auf der anderen Seite des Bootes auswerfen, und sie fingen 153 Fische."

„Was ist aber mit der Nummer vier?", fragte ich.

„Wahrscheinlich lagst du mit dieser Ziffer falsch", war die Antwort. Wenn ich Besuchern von meinem Weg mit der „Quelle" erzählte, versuchte ich in der ersten Zeit, zurückhaltend zu sein, und ließ die Leute das darin lesen, was sie wollten, wissend, dass sie meine Gefühle während der Umsetzung nicht verstehen konnten – bis zu dem Tag, als ich einem Freund von all den Spekulationen erzählte und er sich entschloss, seine eigene hinzuzufügen: „Könnte es sich möglicherweise um ein Kapitel und einen Vers handeln?", schlug er vor. „Du weißt schon, die Nummer eines Kapitels mit der Nummer eines Bibelverses."
Wieder versuchte ich höflich zu sein und sagte: „Was auch immer."

„Ich habe gesucht und etwas gefunden", sagte mein Freund, als er mich ein paar Tage später anrief.

Ich hatte total vergessen, worum sich die Suche gedreht hatte, und hörte einfach zu.

„Ich habe mehrere Bücher der Bibel durchsucht, bis ich auf Markus 15 Vers 34 gestoßen bin", sagte er. „Weißt du, was dort geschrieben steht?" Als er die Worte vorlas, war ich schockiert!

„Und um die neunte Stunde rief Jesus mit lauter Stimme und sprach: Eloi, Eloi, lama sabachthani? Das heißt übersetzt: » Mein Gott, mein Gott, warum hast du mich verlassen?«"

Erstaunt erkannte ich, dass meine unbewusst ausgesuchte Zahl mit genau diesen Worten in dem Bibelvers übereinstimmte. Offenbar hatte Gott selbst diese Worte markiert.

Ich modellierte die Figur, die den Holocaust verkörperte, so, dass ihre Arme hinter ihrem Rücken gestreckt sind und ihr Körper nach vorn ragt.

Auf den Gesichtern der Opfer – des Holocaust und der Kreuzigung – liegt der gleiche Ausdruck, der gleiche Schrei nach oben, die gleiche Verzweiflung, der gleiche letzte Atemzug. Diese bronzene Holocaust-Figur ist die einzige, die ihren Rücken der Kreuzigung zugewandt hat; beide Männer schreien auf, aber getrennt, sie sind allein. Der Körper ist nach vorn geworfen, auf eine Weise den Schrei „Wo war Gott?" verbildlichend, der durch alle Zeiten hallt. Historisch ist bewiesen worden, dass dies der Aufschrei in den Gaskammern damals war. Auch heute ist es immer noch der gleiche Aufschrei. Das Gesicht der Holocaust-Figur ist beinahe ein Spiegelbild des Gesichts der gekreuzigten Figur. Beide Männer haben den gleichen Aufschrei; einer, der gekreuzigte Jesus, ist ein Sohn, der eine echte Frage stellt; der andere, das Holocaust-Opfer, hat seinen Rücken im Zorn abgewandt und fragt nicht, sondern klagt an.

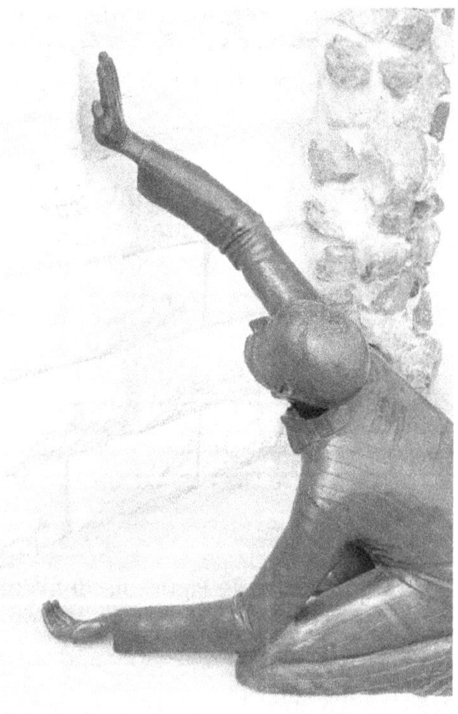

42. KAPITEL

"Mich dürstet!" Johannes 19:28

Als ich begann, mich mit dem Modellieren für „Mich dürstet" auseinanderzusetzen, dachte ich darüber nach, wie Jesus verkündet hatte, dass Er das lebendige Wasser ist und dass, falls irgendein Mensch zu Ihm kommt und trinkt, dieser nicht mehr durstig sein wird. Aber jetzt dürstet es Jesus, was bedeutet das? Ich musste daran denken, dass Jesus eine Quelle lebendigen Wassers ist, und jetzt sagt Er, es dürste Ihn. Dies muss bedeuten, Er hat alles gegeben, was in Ihm war, und alles ist ausgegossen.

Ich modellierte den Kopf des Gekreuzigten so, dass dieser mit geöffnetem Mund nach unten blickt; die Hände sind surreal, die Finger lang und zeigen nach unten; der ganze Körper wird nach unten gezogen, und die Füße haben die Form eines einzelnen Wassertropfens. Ich hatte das Gefühl, dass sich alles nach unten bewegen müsste, und die Füße waren das letzte Tröpfchen, sogar wie die letzte Träne.
Dies ließ mich daran denken, was Überlebende mir gesagt hatten: Um in den Lagern zu überleben, konnte es keine menschlichen Gefühle mehr geben, keine Tränen mehr.

Ich dachte über die Merkmale von Wasser nach, wenn es ausgegossen wird. Es findet den niedrigsten möglichen Ort. Alles an dieser Skulptur bewegt sich nach unten, also brachte ich die Figur, die den Holocaust darstellt, in eine kauernde Position. Er kniet nicht, sondern er kauert. Ich wollte nicht, dass es so aussieht, als kniete er vor dem Gekreuzigten, sondern als identifiziere er sich mit seinen eigenen Tränen, seinem eigenen Durst.

Es gibt zwei verschiedene Arten von Durst: eine besteht im Physischen und bringt dem Körper den Tod; die andere ist die Trockenheit der Seele, die den inneren Tod bringt.

Jene, die die Lager überlebt haben, erzählten, dass man mit kleinen Essensportionen lange überleben konnte, aber ohne Wasser starb man in kürzester Zeit. Viele Menschen, die in den Zugwaggons auf dem Weg zu den Lagern zusammengepfercht waren, starben an Durst. Daher konnte der Überlebende den Durst, der den Körper tötet, verstehen. Der innere Durst entsteht, wenn es keine menschlichen Gefühle, keine Tränen mehr gibt. Die Lager hatten ihren Insassen auch dies genommen.

Aus diesem Grund kommuniziert die Skulptur, die den Holocaust widerspiegelt, mit beiden Händen. Die eine Hand ist unten und berührt den Boden, sucht nach Wasser, das den Körper befriedigen wird; die andere Hand berührt beinahe den Fuß, die letzte Träne, und identifiziert sich so mit dem Durst der Seele.

43. Kapitel

"Es ist vollbracht!" Johannes 19:30

"Es ist vollbracht" ist ein Wort, das so viele Ebenen in seiner Bedeutung hat. Wie stellst du das nur dar? Bringt Jesus Sein Leiden zu einem Ende? Das an sich ist erstaunlich, weil der Sterbeprozess bei einer Kreuzigung tagelang andauern kann.

Stirbt Jesus schneller aufgrund der Härte der Geißelung, die Er erlitten hat? Die Kreuzigung fand im Vorfeld des Passafestes statt. Die jüdischen Führer baten darum, dass die Beine der gekreuzigten Männer gebrochen werden sollten, damit der Tod schnell durch Erstickung eintreten würde. Auf diese Weise würden diejenigen, die gekreuzigt waren, nicht während des Passafestes am Kreuz hängen bleiben. Sollte Jesus als das Lamm Gottes beabsichtigen zu sterben, ehe das Passa begann?

Ich entschied mich, dass dieses Wort eine Erklärung sein musste, nicht nur im Flüsterton gesprochen, sondern mit Vorsatz, mit Kraft und Fokus.

So gestaltete ich das Gesicht geradeaus schauend. Der Ausdruck musste stark und mit Vorsatz sein. Ich ließ die Finger der Hände die Nägel umschließen, so dass die Nagelköpfe nicht mehr zu sehen wären. Auf diese Weise versuchte ich zu sagen: "Es ist vollbracht. Ich selbst, Jesus, habe es zu Ende gebracht." Jesus hatte sich selbst der Kreuzigung in Gethsemane übergeben, und nun erklärte Er mit Autorität deren Vollendung.

Die Gestalt des Holocaust, wie würde sie auf diese Erklärung reagieren? Die größte jüdische Bevölkerungsgruppe, die von den Nazis vernichtet wurde, kam aus Polen. Dies war die Heimat für die Juden gewesen, und dort hatte es eine volle Ausprägung der jüdischen Kultur für fast tausend Jahre gegeben. Aber innerhalb der sechs Jahre des Holocaust wurde diese Kultur vernichtet.

Die Zerstörung war so vollständig, dass es nie wieder so werden würde wie zuvor. Es war vollbracht.

Die Gestalt des Holocaust repräsentiert Polen im Jahr 1945. In jenem Jahr war der einzige Platz auf dem Planeten, den Juden wollten, Palästina. Doch die britische Mandatsregierung tat alles in ihrer Macht Stehende, die jüdische Einwanderung zu stoppen. Das Opfer des Holocaust bedeckt sein Gesicht mit einer Hand und zeigt damit einen Verlust der Identität; seine andere Hand ist erhoben und versucht mit seinem Zeigefinger in eine Richtung zu zeigen. Doch der Finger ist gebeugt, denn es gibt keine Richtung, keinen Ort, wo er hingelangen könnte. Er hat eine Geschichte, die er nicht mehr sehen kann, und eine Zukunft ohne Richtung. Es ist vollbracht.

44. KAPITEL

"Vater, in deine Hände befehle ich meinen Geist."
Lukas 23:46

Mit dieser Seiner letzten Äußerung am Kreuz legt Jesus Seinen Geist in die Hände Seines Vaters. Diese Skulptur musste ich so gestalten, dass sie nichts mehr zu geben hat. Der Körper hängt am tiefsten Punkt und tiefer als alle anderen Kreuzigungspaneele. Der ganze Atem wurde genommen, die Finger der Hände sind nach unten gestreckt, und der Kopf ist in Seiner Brust versunken. Der Geist hat den Körper verlassen.

Wie gibt das Holocaust-Opfer seinen Geist ab, in welche Hände befiehlt es seinen Geist? Ich hatte das Gefühl, dass, wenn die Holocaustfigur der vorhergehenden Paneele 1945 darstellte, dann würde diese Figur die Jahre zwischen 1945 und 1948 repräsentieren. In gewisser Hinsicht wäre sie ein Bild für die jüdische Bestattung. Die Bronzefigur ist gefallen, kollabiert und liegt nun auf dem Boden. Eine Hand versucht das Wasser anzufassen, welches wie Tränen über die Säulen rinnt; der andere Arm ringt um die Entscheidung, ob er versuchen sollte, den Körper aufzurichten oder sich vollständig hinzulegen.

Über der Figur liegt ein schwerer Umhang, ein Todesmantel. In die Falten des Stoffes ist ein ausgemergelter Körper eingewebt, dessen Hände auf dem Boden liegen und dessen Gesicht nach oben gerichtet ist.

Ich hatte Überlebende kennengelernt, die, nachdem sie 1945 aus den Konzentrationslagern der Nazis befreit worden waren, wieder in DP-Lagern (Displaced Persons Camps) für beinahe weitere drei Jahre untergebracht wurden. Dort rangen sie mit sich selbst um Orientierung und Identität. Es war so, als seien sie mit den Toten zusammen begraben. Noch immer in Europa, wussten sie nicht, ob sie vollständig in diesem Grab liegen oder es versuchen sollten, sich selbst aufzurichten. Die Hände des Körpers in dem Umhang sind nach oben gewandt und stellen die Toten dar, die zu den Lebenden sagen: „In eure Hände befehlen wir unseren Geist und unsere Erinnerung."

45. KAPITEL

"Der Schmetterling"

Könnte es nach dem Tod und dem Begräbnis eine Wiederauferstehung geben?

Die Frage, die immer in der Luft zu liegen schien, war, ob es eine Beziehung zwischen der Kreuzigung und dem Holocaust geben konnte? Könnte es etwas Gemeinsames mit den Leiden der beiden geben? Der Tod war offensichtlich ein Teil von beiden, aber Bestattung? Es schien eine Ähnlichkeit in der Zeit zu geben. Jesus war für drei Tage begraben, das jüdische Volk für drei Jahre, zwischen dem Frühling 1945 und dem Frühling 1948, als Israel zu einer eigenen Nation wurde. War dies das Ende des Begräbnisses und der Anfang der Wiederauferstehung?

Während der Arbeit an der „Quelle" waren dies nur Gedanken, die ich hatte. Die Mauer war zum Dialog des Leidens zwischen der Kreuzigung und dem Holocaust geworden. Aber jetzt stellte ich mir diese übergreifenden Fragen.

Ich hatte den „Schmetterling" während meiner Arbeit an der „Quelle der Tränen" kreiert. Das Kind im Krematorium war aus einem Buch und aus Musik geboren worden. Das Buch mit dem Titel *I never saw another butterfly* (Ich sah nie einen weiteren Schmetterling) ist eine Sammlung jüdischer Kindergedichte, vor dem Holocaust gerettet, aus einem Ghetto namens Theresienstadt (Terezin).

Die Mehrheit der Kinder aus Theresienstadt selbst ist nicht gerettet, sondern in den Gaskammern von Auschwitz-Birkenau getötet worden. Diese kurzen Gedichte wurden zu ihren letzten Worten.

Das erste „Schmetterling"-Werk begleitete das Oratorium *Terezin*.

Entwurf des Schmetterlings

Nach den drei Aufführungen des Oratoriums in Israel wurde die Skulptur einem Museum im Kibbutz Givat Haim (Hügel des Lebens) übergeben, das den Kindern aus Terezin gewidmet ist. Die zweite Kopie der Skulptur war fertiggestellt und für ein Museum in Europa vorgesehen, aber am Ende geschah dies nicht, und das Stück blieb bei mir. Es zog mit uns um, als wir Cadim verlassen mussten.

Als ich begann, an der Mauer für die „Quelle" zu arbeiten, war diese Skulptur immer in greifbarer Nähe und fast wie ein Zuschauer. Es kam mir überhaupt nicht in den Sinn, dass der „Schmetterling" ein Teil der „Quelle" werden würde.
Aber jetzt, als ich anfing, mit der Mauer und dem Dialog zwischen dem Holocaust und der Kreuzigung zu einem Ende zu kommen, entstand in mir die Frage nach der Wiederauferstehung. Dann fiel mein Blick auf den „Schmetterling", und ich begann, die Wiederauferstehung zu sehen. Die Hand des Kindes, die durch die Tür des Verbrennungsofens greift und ein kleines Stück Boden umklammert, ist Auferstehung.
Diese Hand war wie der Anfang der Wiederauferstehung des Volkes in einem eigenen Land. Dem Kind gehört es, es hält sich daran fest, wird es aber – wie den Schmetterling –niemals sehen. Wie der Schmetterling in dem Werk ist die Auferstehung außerhalb der Reichweite des Kindes; es kann das Land noch nicht einmal fühlen, aber es gehört ihm.

Olivenzweige, die das Olivenöl verkörpern, bedecken den Boden. Aus biblischer Sicht wurde Öl für Heilung und Salbung benutzt. Dieses Öl würde für Israel sein, das nun als Nation aus der Asche der Krematorien wieder aufersteht; es würde für die Heilung sein, damit sie als Nation wissen, dass Gott sie gesalbt hat.

Als ich Theresienstadt im Jahr 2004 besuchte, lief ich von den Hauptbaracken zu einem weiten, offenen Feld, das als Massengrab gekennzeichnet ist. Zum Gedenken an die Ermorderten steht ein großer Davidsstern auf einer Seite und auf der anderen eine große gemeißelte Menora. Der Davidsstern steht über den nicht gekennzeichneten Steinen, die willkürlich auf dem Feld verteilt sind.

Der letzte, der allerletzte,
So satt, so hell, grellgelb.
Vielleicht, wenn die Tränen der Sonne singen würden
Gegen einen weißen Stein...
Solch ein Gelb
Wird leicht nach oben gezogen.
Ich bin mir sicher, er ging weg, weil er die
Welt zum Abschied küssen wollte.
Seit sieben Wochen lebe ich hier,
eingesperrt in diesem Ghetto,
aber ich habe mein Volk hier gefunden.
Die Löwenzähne rufen mich
Und die weißen Kastanien im Hof.
Nur sah ich keinen weiteren Schmetterling mehr.
Dieser Schmetterling war der letzte.
Schmetterlinge leben hier nicht
Im Ghetto.

Gedicht, das am 4. Juni 1942 von Pavel Friedmann geschrieben
wurde. Er starb am 29. September 1944 in Auschwitz-Birkenau.

In einer fernen Ecke des Feldes befindet sich ein kleines Gebäude, das als ein Krematorium für jene benutzt wurde, die im Lager von Theresienstadt gestorben waren. Ein Gedenkstein sagt: „Für jene, denen es nicht gegeben war, in ihrem eigenen Land zu sterben." Nachdem ich über diese Worte nachgedacht hatte, war ich innerlich aufgewühlt und begann zu weinen. „Ihr eigenes Land" ging mir immer wieder durch den Kopf. Irgendwie berührten diese Worte einen Bereich, der das jüdische Volk während dieser Zeit deutlich symbolisierte: ein Volk, das noch nicht einmal sein eigenes Heimatland hatte, in dem es begraben werden konnte. Aber jetzt haben sie es!

Ich begriff, dass das Werk „Der Schmetterling" auf „In deine Hände befehle ich meinen Geist" folgen musste. Die letzten beiden Arbeiten würden die zwei Teile der Wiederauferstehung darstellen – das Land der Nation und anschließend das Volk.
Zuerst würde es einen physischen Anfang des Lebens geben und dann eine Wiederbelebung der Beziehungen.

46. KAPITEL

Die letzte Umarmung: Der leere Kelch

Das letzte Stück würde die Wiederbelebung der Beziehung, das abschließende Statement des Zusammenbringens dieser beiden Persönlichkeiten sein.

Ich dachte, dass es eine visuelle Verbindung zum Anfang geben musste. Der Kelch des Leidens in Gethsemane, damals voll, musste nun als leer vorgewiesen werden. Ich kämpfte mit diesem Gedanken: Gethsemane hatte gezeigt, dass die Kreuzigung der Wille des Vaters gewesen war. Hatte dann auch der Wille des Vaters den Kelch des Leidens für das jüdische Volk zugelassen?

Manchmal stelle ich diese Fragen, aber ich weiß, dass ich nicht die Möglichkeit habe, eine Antwort darauf zu erhalten, deshalb modelliere ich.

Ich formte die beiden Figuren so, dass die Hälfte ihres Körpers aus den Steinen kommt, Steine die den Tod repräsentieren. Jesus hatte sich selbst zum Trinken des Kelchs hingegeben, deshalb musste Er derjenige sein, der ihn hält und diesen leeren Kelch über beide erhebt. Für mich würde es das Stück sein, das Hoffnung auf die Zukunft gibt; es würde eine gegenseitige Anerkennung sein, eine lebensspendende Umarmung für beide.

Das Wort der Rückerstattung, das den Anstoß zu diesem ganzen Prozess gegeben hatte, war dabei, in einer Zeit von beispielloser Gnade und Gunst erfüllt zu werden, in der Gott selbst dem jüdischen Volk alles zurückgeben würde, was ihm genommen worden war, alles das, was der Feind ihm geraubt hatte.

Dies ist, glaube ich, Sein Gebet, und es ist nun auch mein Gebet, dass Gott sich an die sechs Millionen erinnern und all das zurückzahlen wird, was Seinem Volk durch den Holocaust gestohlen wurde. Ich frage mich immer selbst, ist die „Quelle der Tränen" ein Ausdruck dieses Gebets? Gibt sie auf irgendeine Weise das Wort der Rückerstattung wieder?

Ich betrachte diesen kreativen Weg als eine Fürbitte, etwas, das der Herr begonnen hat.

Irgendwann wird es ein Ende haben, es wird einen Abschluss geben. Einmal fragte ich den Herrn sogar, nicht sehr ernsthaft und ohne wirklich eine Antwort zu erwarten: „Wann wird diese Fürbitte enden?" Ich war regelrecht erschrocken, weil der Herr mir umgehend antwortete. Ich spürte, wie Er sagte: „Wenn Jerusalem auf der ganzen Welt gerühmt wird."
Es war direkt und abrupt; es fühlte sich tief und schlüssig an.

Wenn Jesus der unumschränkte König sein wird, dann wird Jerusalem in der ganzen Welt gerühmt werden. Wann würde dies sein? Ich dachte, dass dies eine sehr lange Fürbitte sein könnte. Oder vielleicht nicht?
Ich fühlte, wie Er sagte, dass es ein Ende geben wird. Aber das Timing liegt in Seinen Händen, und ich werde es Ihm überlassen.

47. KAPITEL

Eine "Quelle der Tränen" in Arad

Die „Quelle" verlief verschiedene Bauphasen und befindet sich nun vollständig errichtet im Garten unseres Hinterhofes. Wir leben in Arad, einer kleinen Wüstenstadt in der judäischen Wildnis, einem Gebiet in Israel, das zweieinhalb Autostunden südlich von Jerusalem liegt. Wenn ich die „Quelle" den vielen verschiedenen Gruppen erkläre, die kommen, um das Werk zu sehen, lerne ich jedes Mal wieder etwas Neues, aber am meisten von den Holocaust-Überlebenden, die gekommen sind. Ihre Reaktionen haben uns überrascht und unser Verständnis zu einem viel tiefergehenden Level gebracht.

Im Allgemeinen sind Israelis schockiert, wenn sie das erste Mal den Hof der „Quelle" betreten, da sie sofort mit den Persönlichkeiten der Kreuzigung und des Holocaust konfrontiert sind. Während sie die visuellen Elemente begreifen, verstehen sie deren Verbindung miteinander nicht, weil diese beiden Persönlichkeiten für fast zweitausend Jahre getrennt waren. Auf der einen Seite sind sie erschüttert von dem, was sie sehen, aber sie fühlen sich auch davon angezogen.

Unsere wahrscheinlich dramatischste Begegnung war die mit einer Geschäftsfrau, die mit der Stadtverwaltung von Arad zusammenarbeitete. Sie hatte über die „Quelle" gehört und verstand nicht, was wir taten. Deshalb hatte sie sich entschieden, uns zu besuchen. Als sie uns anrief, um den Tag und die Zeit auszumachen, betonte sie die Tatsache, dass sie nur fünfzehn Minuten Zeit zwischen ihren anderen Terminen habe. Bei ihrer Ankunft machte Lili ein paar Schritte, hielt inne und starrte die Paneele an. Sie legte eine Hand auf ihren Mund und die andere auf ihre Brust. „Ich kann nicht mehr atmen! Ich kann nicht mehr atmen!", sagte sie immer wieder und wandte sich dann an mich und sagte: „Du hast die beiden schwersten Dinge in unserer Geschichte genommen und diese auf den gleichen Tisch gelegt! Der Bürgermeister muss dies sehen!"

Sofort begann sie zu telefonieren, und infolge von Lilis Besuch kamen uns drei verschiedene Gruppen der Stadtverwaltung Arads besuchen.

Meisten sind es die Israelis, die uns fragen: „Warum ist dies kein öffentlicher Ort?"

Sie wollen, dass alle die „Quelle" sehen. Dabei hätte ich erwartet, dass ihre Reaktion auf das Kunstwerk genau das Gegenteil sei.

Oh ja, Leute sind verärgert und sogar wütend gewesen. Ich bin der Meinung, dass jede Reaktion gut ist; sie zeigt, dass es eine Resonanz auf etwas gibt, was vor sich hin geschlummert hat. Aber jetzt ist es in Bewegung gekommen und muss beachtet werden.

Israelis möchten meine Geschichte hören, wie die „Quelle" entstanden ist und was mich gedrängt hat, es zu wagen, mich mit dem Thema des Holocaust auseinanderzusetzen und diesen darüber hinaus mit der Kreuzigung zu vergleichen. Es ist schwer für mich, auf diese Fragen eine schlüssige Antwort zu geben, weil ich am Anfang keine Agenda im Sinne hatte, was dieses Werk sein oder aussagen würde.

Die "Quelle der Tränen" ist meine Reaktion auf das, was ich fühlte, dass es der Herr mir gegeben hat, ein kleiner Einblick in das, was Er in Seinem eigenen Herzen hat. Am Ende bleibt nur eine Frage: Warum das Leiden, der Schmerz und das Gefühl der Verlassenheit?

Kunst hat viele Kommunikationsschichten, und jeder Besucher bringt uns etwas bei, indem er uns sagt, was er sieht. Die Hauptsache, die wir entdecken, ist, dass die Sprache der Kunst den menschlichen Intellekt umgeht und das Herz berührt. Menschen sprechen dann aus der Position ihres Herzens, die manchmal einen Einblick zu tieferen Orten in ihnen gibt. Ihre Worte sind eine Überraschung für mich und manchmal auch für sie selbst.

Einige Israelis fragen: "War dieses Werk ein Auftrag, oder hast du es selbst finanziert?" Sie wollen wissen, ob wir der wahre Ursprung dieser Arbeit sind. Wenn sie feststellen, dass die „Quelle" von meiner Frau und mir bezahlt wurde, fangen sie an, zahlreiche Fragen zu stellen. Sie hören unseren hebräischen Erklärungen zu und sind erstaunt, dass wir als Nichtjuden die israelische Staatsbürgerschaft besitzen.

Sie verstehen nicht, warum wir diese wollten. Und dann stellen sie die Hauptfrage: „Hast du hier in der Armee gedient?"
Es hat immer große Bedeutung, wenn ich sage: „Ja." Dann fragen sie weiter: „Hast du Kinder?" „Ja, zwei Jungs." „Haben sie auch in der Armee gedient?" „Ja." Und ohne noch mehr zu fragen, stellen sie fest: „Ihr gehört zu uns, ihr seid nicht naiv, ihr versteht völlig, was ihr hier geschaffen habt. Jetzt erklärt mir, bitte, warum!?"

Geoff Barnard

48. KAPITEL

Eine "Quelle der Tränen" in Birkenau: Der Weg

In gewisser Weise begann die „Quelle der Tränen" in Birkenau mit der Geschichte des Gesichts für die Figur des Holocaust. Jedes Mal, wenn ich in Polen oder Europa war, versuchte ich immer Auschwitz zu besuchen, um mehr über diesen mysteriösen Mann herauszufinden, den ich in dem 15-minütigen Einführungsvideo gesehen hatte. Leider wusste ich immer noch sehr wenig über ihn.

2008 sprach der Herr sehr deutlich zu mir, dass das Jahr 2012 ein Jahr sein würde, wie ich es noch nie zuvor erlebt habe. Ich bin normalerweise sehr vorsichtig, wenn Leute ein bestimmtes Jahr besonders hervorheben oder Ereignisse vorhersagen, die zu einem spezifischen Datum geschehen sollen. Meistens messe ich dem keine Bedeutung bei, da dies oftmals in Bezug auf Israel missbraucht wird.
Oftmals haben Leute vorhergesagt oder sogar prophezeit, indem sie sagten: „Dies wird dann und dann geschehen" oder „in diesem bestimmten Jahr wird es einen großen Krieg geben" usw. Leute werfen mit Daten um sich, und meistens passiert nichts. Und obwohl ich glaubte, dass dieses Wort über „2012" vom Herrn sein könnte, dachte ich mir, *es ist erst 2008, und es sind noch vier Jahre bis 2012, bis dahin werde ich es vergessen haben.* Deshalb legte ich die Angelegenheit beiseite.

2010 war ich zusammen mit Geoff, meinem engen Freund, für einen ersten Besuch in Birkenau. Ich zeigte ihm das Lager und dessen Umgebung. Das Wetter war eiskalt, und es regnete viel – die perfekten Bedingungen für einen Besuch in Birkenau, bei solch einem Wetter kann man sich das Leben im Lager besser vorstellen. Während ich Geoff herumführte, fühlte ich, wie plötzlich und völlig unerwartet der Herr zu mir sagte: „Die ‚Quelle' wird hierher, nach Birkenau, kommen!"
Ich war natürlich schockiert und gleichzeitig sehr aufmerksam.
Mit den Jahren habe ich gelernt, auf ein „Plötzlich" zu reagieren.

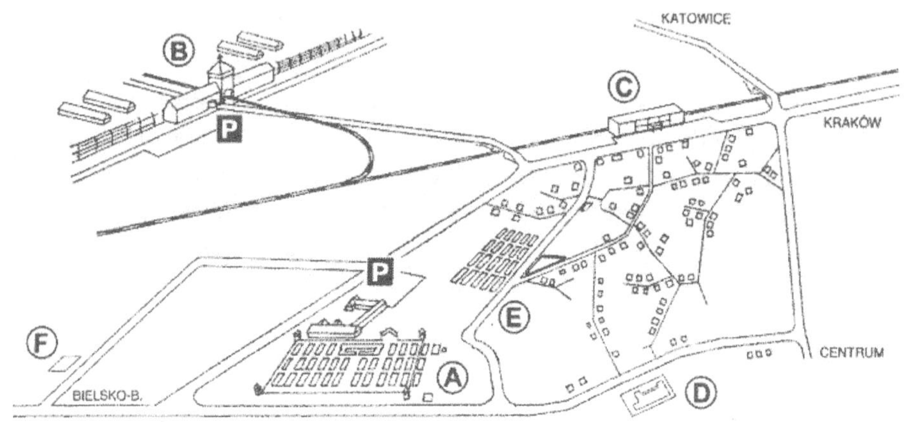

A. Hauptlager Auschwitz   B. Birkenau-Lager

Selektionsstelle in Birkenau – damals und heute

Okay, dachte ich, *wenn das wirklich vom Herrn ist, dann muss Er dies bestätigen. Aber ich werde nicht danach streben oder es verwirklichen.*

Während der nächsten sechs Monate passierten kleine Dinge, als würde der Herr versuchen, mich daran zu erinnern, was Er über Birkenau gesagt hatte.
Eines Tages traf ich, während ich Freunde in Krakau besuchte, eine polnische Immobilienmaklerin. „Was wäre erforderlich, um ein Grundstück in Polen zu kaufen?", fragte ich sie, ohne dabei wirklich konkret zu sein.
„An welchen Ort hast du denn gedacht?", fragte sie.
„Also ... Brzezinka." Ich benutzte den polnischen Namen des Dorfes, in dem sich das Lager Birkenau befindet.
Sie sah überrascht aus und sagte: „Ich werde recherchieren, und falls sich etwas ergibt, werde ich dir eine E-Mail schicken."

Im Laufe des nächsten Jahres erhielt ich verschiedene E-Mails mit Informationen über Grundstücke, und jedes Mal, wenn ich in Polen war, traf ich mich mit der Immobilienmaklerin auf einen Kaffee. Außer ihr, Dafna und ein paar engen Freunden wusste niemand anderes von der Sache. Während dieser eineinhalb bis zwei Jahre musste ich immer wieder über die "Quelle" in Birkenau nachdenken.

Im Juli 2012 erhielt ich eine weitere E-Mail mit Informationen über Grundstücke in Birkenau, die zum Verkauf standen. Ich hatte den Herrn um eine besondere Bestätigung gebeten: Von diesem Grundstück aus sollte es Sichtkontakt zum Konzentrationslager Birkenau geben. Mehrere Grundstücke hatte ich mir bereits angesehen, sogar im Dorf selbst; aber der einzige Sichtkontakt, den diese Grundstücke hatten, ging zu einer Ecke des Lagerwachtums. Mein Eindruck war aber, dass es wichtig sei, hier keinen Fehler zu machen, doch gleichzeitig kam es mir ziemlich unheimlich vor.
„Herr, wenn dies wirklich von Dir ist, musst du mich ,niederschlagen'", sagte ich. „Ich muss es wissen, um sicher zu sein, dass es wirklich von Dir ist. Wir würden hier so viel investieren."

1941 wurde in Auschwitz die sogenannte Judenrampe gebaut: als Selektionsplatz für die Juden, die mit den Viehwaggons aus ganz Europa ankamen. Eine schmale Schotterstraße führte von dieser Plattform zu den Toren von Birkenau. Jene, die für einen sofortigen Tod in der Gaskammer vorgesehen waren, mussten diese Straße zu den weit entfernten Toren laufen. Jene, die dazu selektiert waren, ein wenig länger zu leben, liefen in die entgegengesetzte Richtung – nach Auschwitz I, dem Hauptlager. 1944 befahl Rudolf Hess, der Lagerkommandant von Auschwitz, dass die Bahngleise vom Selektionsplatz direkt in die Tore von Birkenau verlegt würden. Auf diese Weise konnten sie den größten Transport von ungarischen Juden abwickeln und diese so schnell wie möglich in ihren Tod schicken. Jene Gleise hatten auf mich immer eine starke emotionale Wirkung. Meine „Kibbuz-Großmutter" war zwölf Jahre alt gewesen, als sie in einem der Viehwagen durch die Tore von Birkenau fuhr. Bei ihrer Ankunft wurde sie sofort von ihrer Mutter und ihrer jüngeren Schwester getrennt und sah sie niemals wieder. Sie und ihre ältere Schwester, die 14 Jahre alt war, sollten zwei Wochen später vergast werden. Jedoch schickte man sie letztendlich nach Deutschland, und ihr Leben wurde aufgrund ihrer kleinen Hände verschont. Die Produktionsanlagen der Nazis waren darauf angewiesen, dass die Kinderhände ein Instrument einstellten, das sich innerhalb der Bomben befand, die sie produzierten. Am Ende des Krieges wurden beide Schwestern aus dem Lager Bergen-Belsen befreit. Durch meine besondere Beziehung mit dieser Kibbuz-Familie war ich emotional mit diesen Bahngleisen verbunden.

„Falls dieses Land, das wir kaufen werden, irgendetwas mit der Schotterstraße zu tun hat, die zum Lager führte, oder mit jenen Bahngleisen, dann würde dies die endgültige Bestätigung sein, die ich benötige", sagte ich dem Herrn.

Im Juli 2012 erhielt ich eine E-Mail von der Immobilienmaklerin, die schrieb, dass sie vielleicht ein Grundstück gefunden habe, das mich interessieren könnte. Die E-Mail enthielt ein paar Bilder und eine Satellitenkarte. Die Person, die die Fotos aufgenommen hatte, stand vor dem Grundstück und zeigte alle Richtungen. Da ich oft in dieser Gegend gewesen war, dachte ich, dass ich etwas erkennen würde und genau wüsste, wo dieses Foto gemacht worden ist.

In der Ecke eines Bildes bemerkte ich etwas, das aussah wie ein Tor. Überrascht vergrößerte ich es und erkannte die Tore ins Lager Birkenau. Sofort wusste ich genau, wo sich dieses Grundstück befindet! Das Stück Land war an die Schotterstraße angebunden; um das Grundstück zu erreichen, musste man über die Bahngleise gehen, die Hess hatte bauen lassen. Erschüttert erkannte ich, dass dies das richtige Grundstück ist, und jetzt musste ich reagieren. Dafna und ich beschlossen, der Immobilienmaklerin unbedingt ein Kaufangebot zu unterbreiten.

„Wie viel möchten die Besitzer für dieses Grundstück haben?", fragte ich sie.

„95.000 Zlotys", war ihre Antwort.

Das wären circa 30.000 $. Dafna und ich überlegten, dass wir 5.000 $ bezahlen konnten. *Wie läuft das polnische Verfahren, um Eigentum zu kaufen?*, fragte ich mich. *Machen wir ein Angebot? Feilscht man? Was ist das übliche Protokoll?* Wir beschlossen das Problem wie ein Israeli zu lösen: "Sie bitten um 95.000 Zloty, also bieten wir ihnen 65.000 Zloty an", schlug ich Dafna vor.

Ich nannte der Immobilienmaklerin unseren Preis, und wir fuhren weg, um verschiedene Freunde zu besuchen. Mehrfach schrieb ich der Immobilienmaklerin und fragte, wie die Reaktion auf unser Angebot ausgefallen war, und erwartete, dass wir mit dem Verhandeln beginnen würden. Für anderthalb Wochen hörten wir nichts von ihr.

„Vielleicht habe ich sie beleidigt", sagte ich zu Dafna. „Vielleicht war unser Angebot so niedrig, dass sie noch nicht einmal darauf antworten werden. Wahrscheinlich habe ich unsere Chancen zunichte gemacht."

Dafna musste nach Hause nach Israel zurückfahren, aber ich blieb noch für weitere drei Tage, um Freunde aus Holland und England zu treffen, die von dem Grundstück wussten und es sehen wollten. Während ich ihnen das Grundstück zeigte, erhielt ich eine Textnachricht von der Immobilienmaklerin: „Sie haben dein Angebot angenommen!" Das war alles, was sie schrieb. Kein Feilschen um den Preis, nichts. Am Ende des Textes hieß es jedoch: „Aber es gibt eine Bedingung." Ich rief sie sofort an: „Wie lautet die Bedingung?"

„Sie sind bereit, dein Angebot anzunehmen", sagte sie mir, „allerdings musst du das Geschäft schnell abschließen."

In Israel bedeutet *schnell* innerhalb von 24 Stunden. „Was bedeutet *schnell* in Polen?", fragte ich sie.

Nachdem sie mit den Besitzern gesprochen hatte, rief mich die Dame zurück: „Du musst das Geschäft innerhalb von zwei Monaten abschließen."

Für mich war das viel Zeit, um die Summe von 65.000 Zl. (circa 20.000 $) aufzutreiben. Wir würden 5.000 $ von unserem eigenen Geld bezahlen und wussten, dass wir ruhig sein mussten und niemanden um Geld bitten durften. Nur eine Kerngruppe von Leuten wusste über dieses Projekt Bescheid.

Zurück in Arad kam unser Freund Geoff uns zu Hause besuchen. Er wusste ein bisschen darüber Bescheid, was in Polen vor sich ging.

„Ich weiß, dass etwas in Polen geschieht, und ich weiß auch, dass es etwas mit der Immobilie zu tun hat", sagte er. „Ich weiß nicht, was passiert, aber wenn ihr, du und Dafna, darüber nachdenkt, ein Grundstück zu kaufen – egal welchen Betrag ihr dort reinsteckt – Caryl und ich werden die gleiche Summe investieren!"

Das war ganz schön kühn, was er da sagte! Als ich Geoff dann über die Immobilie erzählte, steuerten sie ebenfalls 5.000 $ bei, damit das Grundstück gekauft werden konnte.

Zwei Tage später erhielt ich einen Anruf von Cor, einem holländischen Freund, den ich in Polen kennengelernt hatte. „Ich weiß, dass etwas mit der Immobilie vor sich geht", begann er. „Du weißt, ich bin der Vorsitzende dieses Holocaust-Stiftungsvorstands in Holland, und ich habe mit anderen Vorstandsmitgliedern gesprochen. Unsere Entscheidung ist, das Projekt mit 10.000 $ zu unterstützen!"

In genau drei Tagen war das Geld, was wir benötigten, um die Immobilie zu kaufen, zusammengekommen. Aber dann erfuhren wir, dass es für uns als Israelis und Nicht-EU-Bürger nicht möglich sein würde, das Grundstück zu kaufen.

Drei Jahre zuvor hatte eine holländische Gruppe die „Quelle der Tränen" besucht. Cor Roos, ein Steuerberater, war so bewegt gewesen von dem, was er dort sah, dass er sagte: „In den Niederlanden vertrete ich eine Stiftung für Holocaust-Denkmäler. Ich bin so beeindruckt von deiner Arbeit, dass ich gerne 8.000 $ spenden möchte, die du für Öffentlichkeitsarbeit benutzen kannst. Seid ihr eine *Amuta*?" [gemeinnützige Organisation]

Als selbstständige Künstler hatten wir nicht den Status einer gemeinnützigen Organisation und verstanden, dass sein Angebot ein technisches Problem schuf.

„Eine Stiftung kann nur einer anderen Stiftung Geld spenden, keinem Individuum. Kannst du nicht eine *Amuta* in Israel gründen?", schlug Cor vor.

Wir erkundigten uns und fragten Freunde, die *Amutot* hatten.

Am Ende folgerte Dafna, dass es zu kompliziert und zu teuer sei, allein schon, was die israelische Bürokratie beträfe. Als ich dies Cor mitteilte, schlug er vor, eine Stiftung in Holland eintragen zu lassen. Das ging schnell und war unkompliziert.

Somit entstand die „Fountain of Tears"-Stiftung, und als vorstehender Künstler konnte ich Geld aus dieser Stiftung verwenden. Die *Amuta* war ins Leben gerufen worden, um das Geschenk der 8.000 $ zu kanalisieren. Es war die erste und letzte Spende, die einging.

Vielleicht können wir das Land über diese Stiftung kaufen, dachte ich.
Also fragte ich Cor: „Ist die FOT-Stiftung immer noch aktiv?"
„Ja, ich habe sie am Leben gehalten, obwohl sie derzeit ‚schläft'", antwortete Cor. „Man muss sie einfach nur wieder ‚aufwecken'."
Letztendlich konnte das Grundstück in Birkenau über die „Fountain of Tears"-Stiftung, innerhalb der zweimonatigen Frist, erworben werden. Von der ersten Spende konnten wir das Land kaufen, einen Architekten engagieren und die Designs entwerfen.

Und dann erinnerte ich mich an das Wort, das der Herr mir vier Jahre zuvor gegeben hatte: „Beachte das Jahr 2012! So ein Jahr hast du noch nie zuvor erlebt!"
Wenn ich auf dieses Jahr zurückblicke, stelle ich fest, dass noch mehr erstaunliche Dinge geschehen sind. Während des Jahres 2011 war ich mit allerlei Projekten in verschiedenen Orten beschäftigt. Und dann plötzlich – am Ende des Jahres – hatte ich alle Projekte abgeschlossen und keine neuen erhalten. Es gab zwar Arbeitsoptionen, doch nichts kam zustande. Bis August 2012 hatte ich weder ein Kunstwerk verkauft noch arbeitete ich an einem Auftrag. Weil wir aber in den anderthalb Jahren zuvor genug verdient hatten, war ausreichend Geld vorhanden, um durch das Jahr 2012 zu kommen.

Zeichnungen und Pläne für die Quelle in Birkenau

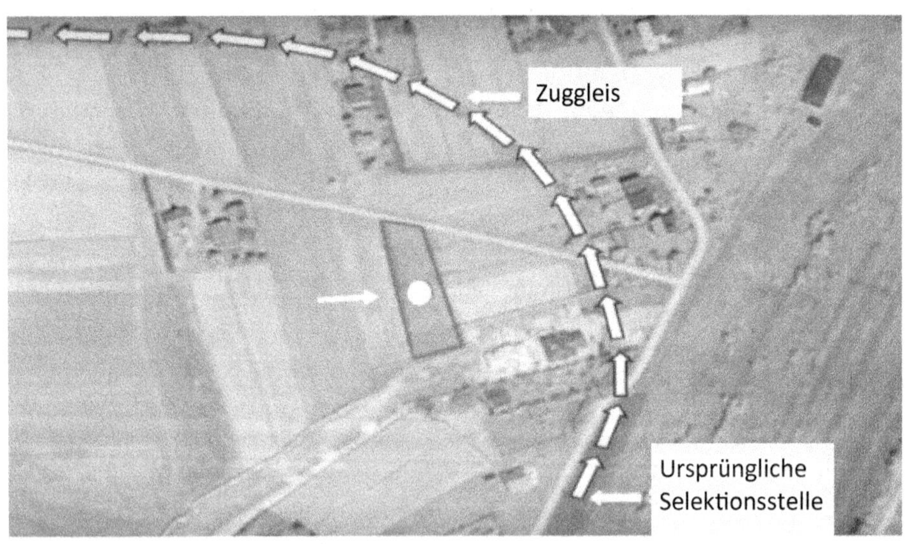

In Polen und Deutschland schien immer etwas vor sich zu gehen. Da ich keine Aufträge hatte, an denen ich arbeiten musste, konnte ich an diesen Terminen fast jeden Monat teilnehmen.

Es war erstaunlich zu erleben, wie Gott das Birkenau-Projekt finanzierte. Obwohl ich für beinahe ein ganzes Jahr kein Einkommen hatte, konnte ich nach Polen fliegen, wann immer ich dort gebraucht wurde, um Vorbereitungen für das Projekt zu treffen.

2013 arbeiteten wir an den Bauzeichnungen. Und da ich immer noch keine andere Arbeit oder einen Auftrag hatte, konnte ich mich auf Birkenau fokussieren.

Für eine gewisse Zeit war dies okay, aber schließlich beschwerte ich mich beim Herrn: „Herr! Ein Auftrag wäre jetzt wirklich gut!"

Nichts geschah. Es gab Möglichkeiten und Vorschläge, und in der Vergangenheit wären gewiss bestimmte Aufträge zustande gekommen, aber dieses Mal – nichts. Irgendwann wandte ich mich verzweifelt an den Herrn: „Es ist lange her, dass ich einen Auftrag gehabt habe, Herr!"

Aber mein himmlischer Vater wusste, dass ich mich nicht richtig auf Birkenau konzentrieren könnte, wenn ich nebenbei eine andere Arbeit oder einen anderen Auftrag hätte, was meine Aufmerksamkeit erforderte. Ich musste mich vollständig auf dieses Projekt fokussieren. Dennoch versuchte ich es: „Es wäre gut, ein kleines Einkommen zu haben, Herr!"

Sogar mein Steuerberater, der mir schon seit 16 Jahren zur Seite stand, wunderte sich und sagte: „Du fliegst sehr viel! Du arbeitest anscheinend an einer Sache in Polen, aber du hast kein Einkommen. Du gibst sehr viel Geld aus, aber kommt auch etwas herein?" Er fuhr fort: „Ich weiß, dass du deine Höhen und Tiefen hast, aber das Problem ist, dass du sehr viel Geld ausgibst und viele Bronzegüsse und all diese Sachen machst, aber wenn du kein Einkommen hast, sieht es wirklich schlecht aus."

Ich versuchte es ihm so zu erklären, dass er es verstand: „Hör zu, ich arbeite zurzeit an einem sehr großen Projekt in Polen, und es wird zwei, vielleicht sogar drei Jahre dauern, in denen Geld nur ausgegeben wird." Ich hoffte, er würde verstehen, dass man wie bei jedem Geschäft in der Hoffnung investiert, dass das Geld letztendlich hereinkommen wird.

„Ich kann dies bei der Einkommensteuerbehörde für drei Jahre so belassen", antwortete er, „aber dann musst du mir irgendein Einkommen vorweisen."
„Ok", sagte ich und wusste, dass ich ein Jahr an Spielraum gewonnen hatte.
Mein Buchhalter versteht mich bis zu einem bestimmten Grad. Er weiß, dass ich ein gläubiger Mensch bin und all diese Projekte habe. Wir sind gute Freunde geworden, und es gibt Momente, in denen er sich sicher genug fühlt, mir persönliche Fragen zu stellen.

Unerwartet erhielt ich einen Auftrag von der Bible Society in Jerusalem, und ich verkaufte sogar ein paar kleinere Arbeiten hier und dort. *Ist dies vom Herrn?,* wunderte ich mich und fragte deshalb noch einmal nach: „Bist Du sicher, dass ich die Anfrage der Bible Society annehmen sollte, Herr? Soll ich das machen?"
Ich hatte mich beinahe daran gewöhnt, keine großen Aufträge mehr zu haben. Da ich jetzt so sehr auf das Birkenau-Projekt fokussiert war, wollte ich diese besondere Gemeinschaft mit Herrn nicht verlieren, indem ich diesen Auftrag annahm. Allerdings erlaubte mir der Herr, ihn doch anzunehmen. Dies bedeutete, dass ich für das Jahr 2014 ein wenig Einkommen hatte. Mein Steuerberater würde sehr glücklich sein, vielleicht tat der Herr es für ihn.

Der finanzielle Aspekt des gesamten Projekts sieht so aus, dass uns immer genug Geld für das zur Verfügung steht, was wir gerade brauchen. Von den ersten Spenden konnten wir das Land kaufen, die Werkstatt bauen und eine Zufahrt anlegen. Der Herr versorgt uns immer gütig, wenn wir bereit sind, den nächsten Schritt zu gehen.
Es ist ein Glaubensprojekt und keines, um Gewinn zu machen. Nach vielen Überlegungen beschloss ich, die Mauer zu bauen und die Paneele in Birkenau zu machen, anstatt diese von Israel nach Polen zu verschiffen.
Letztendlich hatten wir berechnet, dass es kostengünstiger sei, eine Gießerei auf dem Gelände zu bauen und das Gießen der Figuren vor Ort selbst zu bewerkstelligen.
Die israelische Flughafensicherheit möchte immer wissen, was ich in diesen großen Boxen transportiere.

„Dies sind Teile eines Kunstwerks, das ich in Polen mache", erkläre ich ihnen. „Ich bin Bildhauer. Dies ist das Wachs, die Stufe vor dem Abguss."

Die seltsam aussehenden Pakete beinhalten nur Teile der Skulptur. Meistens verstehen sie nicht, was ich ihnen sage, sind aber dennoch fasziniert, da sie nie zuvor einen Bildhauer getroffen haben.

Dann nehmen mich die Sicherheitsmitarbeiter beiseite und fangen an, mir alle möglichen persönlichen Fragen zu stellen, zum Beispiel: „Wie ist das, ein Bildhauer zu sein? Machst du die ganze Arbeit allein?" Sie sind immer sehr großzügig, denn sie erlauben mir, diese komischen Gegenstände mit dem Flugzeug mitzunehmen.

Durch das Eintreten in den geografischen Bereich Birkenaus fühlte ich eine heilige Furcht in mir. Falls es in der „Quelle" eine Reflexion oder Beziehung zwischen dem Holocaust und der Kreuzigung gibt, dann repräsentiert, nach meinem Gefühl, Birkenau die Kreuzigungsstätte Golgatha für das jüdische Volk, in gleicher Weise, wie Jerusalem das Golgatha für die Kreuzigung Jesu gewesen ist.

Birkenau ist ein Ort, der sich von jedem anderen Platz auf diesem Planeten unterscheidet. Der Boden um das Lager herum war über viele Kilometer mit Asche, der Asche jüdischer Leichen, die aus den Schornsteinen herauskam, durchtränkt. Die Krematorien verbrannten die Leichen 24 Stunden am Tag, 7 Tage die Woche.

Es benötigte zwei Wochen, den Zement für das Gebäudefundament vorzubereiten und zu gießen.

Das fertige Betonfundament. Das kleine Gebäude dient als Werkstatt und Mini-Gießerei, um die Rekonstruktion der lebensgroßen Bronzefiguren des Holocaustüberlebenden für die „Quelle der Tränen" zu ermöglichen.

Ich spürte, dass es ein Gebetshaus geben müsste, welches in Beziehung zur „Quelle" steht, das am Tag und in der Nacht aktiv sein würde, genauso wie die Öfen tags und nachts brannten. Ich hatte sogar das Gefühl, dass das Land um das Lager herum Israel gehörte; es wurde auf gewisse Weise durch Blut erkauft, jüdisches Blut.

Ich hatte viele Gedanken und Gefühle in dieser Anfangsphase. Manchmal hoffte ich sogar, dass der Herr das Momentum anhalten und mir sagen würde: „Gut gemacht. Du musst nicht weitermachen. Ich rechne dir deine Bereitschaft an."

Stattdessen erhielt ich ständig das Wort: „Keine Verzögerungen!"

Immer und immer wieder erlebten wir das.

Die Baupläne wurden durchgespielt und Ende Juli 2014 angenommen. Der erste Schritt würde das Fundament sein. Wir begannen, uns nach Zementbauunternehmen umzusehen. Dies benötigt immer viel Zeit, und da der Sommer zu Ende ging, wollte niemand kurz vor Beginn des Winters den Zement gießen. Dann stießen wir auf einen Bauunternehmer mit einem guten Angebot, der bereit war, Anfang Oktober zu beginnen.

Die ersten beiden Oktoberwochen können in Polen bereits wie ein richtiger Winter sein, aber in diesem Jahr wurden sie polnischer goldener Herbst genannt. Solch gutes Wetter hatten sie seit 14 Jahren nicht gehabt. Für die beiden Wochen, in denen der Zement vorbereitet und gegossen wurde, war das Wetter sehr schön. Wir schafften es rechtzeitig vor dem Wintereinbruch und dachten, dass wir uns nun bis zum Frühling ausruhen konnten. Niemand würde den Winter über arbeiten. Als ich Mitte November nach Israel zurückgekehrt war, erhielt ich einen Anruf von einem guten Freund aus Vermont in den USA. Er ist Experte für Holzkonstruktionen (und speziell des Konstruktionssystems, für das wir uns entschieden hatten, es für den Bau der „Quelle" zu verwenden). Ich hatte seit langem nicht mit ihm gesprochen und war von seinem Anruf überrascht. Er fing an zu erzählen, dass er und sein Partner ein bisschen freie Zeit zur Verfügung hätten und sich fragten, ob wir ihre Hilfe benötigen würden. Mir war bewusst, dass die beiden Männer diese Bauart besser beherrschten als alle anderen, und so begeisterte mich ihr Angebot sofort.

Ich nahm an, dass sie ein paar Tage bleiben könnten, bevor sie weiter nach Israel fliegen würden.

Vielleicht konnten sie dabei helfen, in Polen ein paar Sachen ins Rollen zu bringen. Möglicherweise würden sie im Frühling kommen wollen, wenn es warm genug zum Arbeiten sei.

„Das wäre großartig", sagte ich ihnen. „Wann denkt ihr, dass ihr kommen wollt? Und wie viel Zeit steht euch zur Verfügung?"

„Wir können in anderthalb Wochen kommen und für fünf Wochen bleiben", antwortete mir mein Freund.

Schockiert fragte ich: „Aber was ist mit dem Wetter?"

„In Vermont arbeiten wir auch mitten im Winter", sagte er mir. „Wir wissen, wie man mit dem Winterwetter fertig wird."

Alles ging so schnell! Eineinhalb Wochen später war ich zurück in Polen, um sie vom Flughafen abzuholen. Ein polnischer Freund hatte ihnen für den gesamten Zeitraum eine Wohnung organisiert, das war einfach fantastisch. Das Wetter war kalt und schneereich, aber ich holte sie immer morgens ab, und wir arbeiteten jeden Tag. Es gab keine Verspätungen bei den Holzlieferungen, es gab keine Verzögerungen mit den Werkzeugen, keinen Verzug mit dem Geld, es gab überhaupt keine Verzögerungen. Alle Mauern wurden errichtet.

Es war großartig, dies geschehen zu sehen, und zu wissen, dass der Herr hinter all dem steht. Kurz nach meiner Rückkehr nach Israel, im Januar, rief mich ein guter Freund an und erzählte mir, dass die „Sächsischen Israelfreunde" – eine Gruppe von deutschen Handwerkern – daran interessiert seien, mir bei dem Bau der „Quelle" in Auschwitz zu helfen. Wieder war ich vom Zeitpunkt des Anrufs überrascht. Als ich ihm berichtete, wie viel bereits von dem Gebäude fertiggestellt war, sagte er: „Hervorragend! Dann können wir das Dach bauen!"

Der Bau des Daches war aufgrund der Breite der Ausstellungsfläche, welche die „Quelle" beherbergen würde, eine komplizierte Sache. Ich sagte ihm, dass ich auf die Pläne des Ingenieurs für die Stahlträgerkonstruktion wartete, die zuerst errichtet werden musste, bevor sie das Dach bauen konnten.

Seine Antwort war: „Beeil dich damit. Wir haben geplant, Anfang März zu kommen."

Ich musste zurück nach Polen fliegen und mich mit dem Stahlunternehmen treffen, um einige Dinge zu entscheiden und einen Vertrag abzuschließen, und nach Hause zurückkehren. Jetzt betete ich darum, dass die polnischen Stahlarbeiter ihre Arbeit an Ort und Stelle beendeten, bevor die Deutschen eintrafen. Außerdem würden die Deutschen eine riesige Holzlieferung benötigen, nachdem die Polen mit dem Stahl fertig wären. Alles musste innerhalb eines sehr straffen Zeitplans geschehen, aber ich trieb es einfach weiter

voran. Die Deutschen würden am 9. März ankommen und umgehend mit der Arbeit beginnen; die polnischen Stahlarbeiter wollten unbedingt versuchen, bis zu diesem Datum fertig zu sein.

Eine weitere Komplikation war, dass Dafna und ich bereits Flugtickets gekauft hatten, weil wir vom 1. bis 20. März in Kanada sein wollten, um meinen Vater und unsere Söhne zu besuchen und meinen 60. Geburtstag zu feiern. Dies bedeutete, dass ich all diese Arbeiten ‚online' managen musste.

Die Deutschen kamen pünktlich am 9. März an; die Polen schafften es allerdings nur mit einem Tag Verspätung. Aber an dem Tag, an dem die deutschen Handwerker nicht arbeiten konnten, hatten sie Zeit, die Lager Auschwitz und Birkenau zu besuchen. Das war sehr wichtig. Innerhalb von drei sehr vollen Arbeitstagen wurde das große Dach errichtet und mit einer wasserdichten Abdeckung bedeckt. In diesen Tagen gab es viele Telefonate via Skype, dazu noch E-Mails und Geldüberweisungen, aber es kam alles ohne jegliche Verzögerung zustande. Die Gnade des Herrn ist absolut unglaublich!

Dafna und ich sind uns der bestimmten Zeitkomponenten bewusst: das Grundstück der „Quelle" wurde 2012 gekauft. Jenes Jahr war eine 70-jährige Markierung für die Geschichte von Birkenau.

Siebzig Jahre zuvor, 1942, wurde eine Entscheidung vom höchsten Rang der SS in der deutschen Armee bezüglich aller Juden in Europa getroffen. Sie nannten es die „Endlösung des jüdischen Problems".
Am 23. Januar 1942 fiel die Entscheidung, dass alle Juden Europas durch Vergasung ermordet und die Leichen anschließend verbrannt werden sollten. Im Frühling 1942 wurde Birkenau gegründet und sollte zum größten Mordzentrum des Naziregimes werden.
Zum anderen betrug die jüdische Bevölkerung im Jahr 2012 das erste Mal in der Geschichte Israels als Nation sechs Millionen. Der Herr hatte in Seinem „Wort der Rückerstattung" verheißen, dass Er dabei sei, die Zahl sechs Millionen auszulösen, damit die Zahl, die immer den Tod des jüdischen Volkes verkörperte, in eine Zahl verwandelt würde, die das Leben repräsentiert.
Es hat mich immer erstaunt, dass das jüdische Volk nicht nur den Holocaust überlebt, sondern drei Jahre nach dessen Ende einen Staat gegründet hatte. Seit der Gründung dieser Nation bis heute gibt es Vernichtungsdrohungen. Doch sie stehen jetzt an der Wegmarke der Geschichte von 70 Jahren. Damals war eine Entscheidung getroffen worden, die das Leben von sechs Millionen ihrer Volksangehörigen kostete. Sie stehen mit dieser Zahl und sind wieder-hergestellt – oder sie wurde ihnen zurück-gezahlt – nicht nur als eine ethnische Gruppe, die den Genozid überlebt hat, sondern als eine jüdische Nation, die in ihr eigenes Land zurück-gekehrt ist.
2012 als ein Markzeichen der 70 Jahre war auch eine Markierung für den Beginn der nächsten drei Jahre. Es sollte eine Serie dieser Zeichen bis zum Januar 2015 geben, welches dann das 70. Gedenkjahr der Befreiung von Auschwitz war.

49. KAPITEL

Die Rückkehr des "Löwen von Juda"

Die Rückkehr des „Löwen von Juda" ist mit dem Gebäude in Birkenau ebenfalls sehr stark verbunden. Obwohl mir bei der „Payback"-Konferenz schon so viel widerfahren war, geschah zur gleichen Zeit noch etwas anderes. Damals schien es vergleichweise jedoch eher unbedeutend. Nach der Abschlussveranstaltung der Konferenz standen die Leute noch herum und redeten miteinander, bevor sie auseinandergingen. Graham war ebenfalls mit einigen Leuten zusammen und rief mich herüber, um mich seinen guten Freunden aus Kalifornien, Tim und Darlene, vorzustellen. Nachdem wir einander vorgestellt waren, sagte Tim sehr direkt, dass er an der Skulptur eines Löwen interessiert sei. „Darlene und ich kaufen ein neues Haus, das eine große Wand im Wohnzimmer hat", erklärte er. Er stelle sich einen Löwen an dieser Wand vor.

Obwohl ich von Tims Entschlossenheit überrascht war, hörte ich nur mit halbem Ohr zu, da ich weiter über das Wort der Rückerstattung nachdachte. Ich verstand immer noch nicht, was es bedeuten könnte. Am Ende von Konferenzen sind Leute oftmals voller Emotionen und sagen Dinge, die sie nicht unbedingt meinen, trotzdem versuchte ich, die Anfrage höflich zu behandeln. „Ist die Mauer quadratisch? Und wie sind ungefähr ihre Maße?", fragte ich ihn.

Tim zeigte mit seinem Finger auf eine Platte an der Kirchendecke und sagte, dass die Wand ungefähr die Maße dieser Platte habe.

Die Platte war ziemlich groß, deshalb dachte ich, dass er einen recht großen Löwen haben wollte. *Die Platte ist viereckig und eher vertikal als horizontal, aus diesem Grund wird der Löwe sicherlich stehen.*

Er antwortete auf meine weiteren Fragen, aber ich nahm diese Anfrage immer noch nicht sehr ernst. Tim schrieb seine Telefonnummer in den USA auf ein Stück Papier, ich bedankte mich und sagte allen Auf Wiedersehen.

Die darauffolgenden Monate waren mit dem Ringen darum erfüllt, was der Herr uns in Verbindung mit dem „Payback"-Wort zeigen wollte.

Der Gedanke an einen Löwen in Kalifornien kam mir nicht in den Sinn. Aber dann, als wir im Sommer desselben Jahres in North Carolina waren und aufgrund zahlreicher „Plötzlichs", die uns hinsichtlich der „Quelle" widerfuhren, erinnerte ich mich mit einem Mal an Tim und Darlene. Nachdem ich das Stück Papier gefunden hatte, auf dem Tims Telefonnummer geschrieben war, fragte ich mich, was ich tun sollte. Seit diesem Gespräch waren Monate vergangen, aber am Ende beschloss ich, sie anzurufen. *Vielleicht sind sie nicht zu Hause*, dachte ich. *Dann habe ich wenigstens den Versuch gemacht, sie zu kontaktieren.*

Darlene nahm nach dem zweiten Klingeln den Hörer ab und wusste sofort, wer ich war.

„Wie läuft es mit dem Löwen?", wollte sie wissen.

Ich versuchte nicht zu lügen und sagte: „Ich denke, dem ‚Löwen' geht es gut."

„Können wir die Zeichnungen sehen?" Sie sagte, dass sie mir in ein paar Wochen ein Flugticket nach Kalifornien schicken würde und dass Anfang September gut für sie wäre.

Ich legte auf, war ein bisschen bestürzt und dachte: *Ich sollte dies lieber ernst nehmen!*

Es gibt viele Arten von Löwen, und ich hatte keine Ahnung, wo ich mit dieser Zeichnung anfangen sollte. Ich versuchte mich an das Gespräch zwischen Tim und mir zu erinnern. Er hatte erwähnt, dass er die Löwen am Trafalgar Square in London liebe. Allerdings liegen diese Löwen, und wenn ich es richtig in Erinnerung hatte, dann war die Wand in seinem Haus eher vertikal. Dies bedeutete, dass der Löwe stehen musste.

Ich entschloss mich, in die örtliche Bibliothek zu gehen und mir dort verschiedene Bücher über Löwen anzusehen. Vielleicht würden diese mir dabei helfen, in Gang zu kommen. Ich lief durch die Bibliothek, und als ich den Bereich ‚Israel' entdeckte, nahm ich mir ein Buch mit Bildern von Israel aus dem Regal. Auf der Rückseite war ein großes Bild, das die Trumpeldor-Löwen in Tel Hai zeigte.

Ich war dort noch nie gewesen, kannte mich aber ein bisschen mit der Geschichte über Trumpeldor aus. Eins seiner berühmtesten Zitate war: „Es ist gut, für unser Land zu sterben." Zwei steinerne Löwen markieren die Gedenkstätte für ihn. Die Haltung der Löwen fiel mir sofort auf – sie saßen sehr aufrecht da, hatten ihren Kopf nach oben gestreckt und brüllten. Ich fühlte, wie etwas seinen Anfang nahm. Ich sah mir das Buch an und begann, ein paar Zeichnungen anzufertigen. Die Bilder dieser Löwen dienten mir als Bezugspunkt.

In den darauffolgenden Tagen fertigte ich viele Skizzen an. Sie wurden detailreicher als die Bilder und übertrafen die Löwen Trumpeldors. Ich zeichnete eine Kreuzigungsszene, die in der Mähne des Löwen verwoben war. Da ich die Linien des Haares benutzte, konnte man sie sehen oder auch nicht sehen. Zur Rechten der Kreuzigungsszene fing ich an, etwas zu skizzieren, das auch als religiöser Jude wahrgenommen werden konnte, der die Thora-Rollen hält. Dann zeichnete ich einen weiteren Mann und dann noch einen, beinahe wie eine Schicht nach der anderen, bis die Figur vollständig in den Haaren des Löwen verschwand. Ich dachte: *Dies ist wie die Zerstreuung des jüdischen Volkes in die verschiedenen Länder im Laufe der Geschichte.* Die letzte Person, die geht, würde der Rabbi sein, der die Thorarollen trägt. Es schien, als bewegten sich die einander überdeckenden Figuren in der Mähne des Löwen nach rechts unten. Am Ende der Mähne, fast dort, wo der Körper anfängt, aber immer noch in der Mähne, befand sich eine umgedrehte Menora, im Haar hängend. Für mich liegt sie dort als Zeichen der Diaspora, wie das jüdische Volk selbst – nicht im eigenen Land, nicht in der richtigen Position – so ist die Menora mit der Unterseite nach oben im Schwebezustand.
Nun ging ich auf die linke Seite der Kreuzigungsszene und fing an, Türen von Verbrennungsöfen aus den Vernichtungslagern zu zeichnen.

Es gab eine offene Tür mit einem Schornstein, der von der Tür aus nach oben strebt. Die gesamte Zeichnung war in die Löwenmähne integriert. Aus dem Schornstein stieg Rauch auf, sechs surreale Figuren bildend, die sich nach unten zu dem Teil der Mähne bewegten, der die Brust des Löwen bedeckt. Ich empfand, dass eine der Figuren proportional viel kleiner als die anderen sein musste. Sie würde die eineinhalb Millionen jüdischer Kinder verkörpern, die im Holocaust ermordet wurden. All diese kleineren Zeichnungen waren in das Löwenhaar eingewebt und konnten gesehen oder auch nicht gesehen werden. Der Löwe, den ich zeichnete, saß auf zwölf großen Steinen, welche die zwölf Stämme Israel darstellten. Das Bild schien nur so aus mir heraus-

zufließen, ich verstand es nicht, wusste aber, dass mich etwas sehr Besonderes erfasst hatte. Als ich die Zeichnung fertiggestellt hatte, wusste ich, dass dies der „Löwe von Juda" sein würde.

Ich kannte die Erwartungen von Tim und Darlene nicht, aber in diesem Moment schien dies auch nicht wichtig zu sein. Sie schickten mir ein Flugticket, und ich flog nach Kalifornien. Darlene holte mich am Flughafen ab, und wir lernten uns ein wenig beim Plaudern auf der Fahrt zu ihrem alten Haus kennen. In ein paar Wochen sollten sie in das neue Haus mit besagter Wand umziehen. Ich selbst würde ein paar Tage bei ihnen bleiben und dann weiter nach North Carolina fahren.

Als Tim von der Arbeit zurückkam und wir einander begrüßt hatten, wollte er sofort die Zeichnung sehen. Ich war ein bisschen nervös und fragte mich, wie sie wohl auf den „Löwen" reagieren würden. Während sie sich die Zeichnung ansahen, die auf dem Esstisch ausgebreitet war, saß ich ein wenig abseits von ihnen. Es lag Spannung in der Luft, und sie flüsterten miteinander, bis Tim zu mir kam und sagte: „Diese Zeichnung entspricht nicht einmal ansatzweise meinen Erwartungen", und wieder zurück zum Tisch ging. Wenige Augenblicke später kam er zurück. „Du weißt überhaupt nicht, was du hier gezeichnet hast. Dies ist überhaupt nicht das, was ich in einem Löwen wollte, aber genau so soll es sein. Vor nur wenigen Wochen habe ich herausgefunden, dass es in meiner Familie jüdische Wurzeln gibt, die für einige Generationen versteckt wurden."

Ich nahm an, dass die Entscheidung, das Judentum in Tims Familie zu verbergen, aufgrund des Holocaust geschehen war. Viele Juden, die den Holocaust überlebt hatten, wussten, dass sie wegen ihrer jüdischen Herkunft verfolgt gewesen waren, und deshalb entschieden sie sich dazu, diesen Teil ihres Lebens zu begraben und nicht länger Juden zu sein. Am Ende wurde der „Löwe von Juda" in Bronze angefertigt, auf 12 Steinen sitzend, drei Meter hoch und dreieinhalb Meter lang, der das Wohnzimmer des neuen Hauses von Tim und Darlene absolut dominierte.

Der „Löwe von Juda" wurde ein Markierungspunkt: das erste Werk, in dem ich die Kreuzigung und den Holocaust miteinander verband.

Viele Jahre später, als der 27. Januar 2015 näher rückte, wurden Dafna und ich darum gebeten, an der Gebetskonferenz in Auschwitz teilzunehmen, die an die Befreiung des Lagers vor 70 Jahren erinnerte. Wir hatten die Einladung angenommen, aber zu dieser Zeit arbeitete ich an einem lebensgroßen Löwen und hoffte, diesen vor dem 27. Januar fertigzustellen. Er heißt „Die Rache des Lamms" und ähnelt dem „Löwen von Juda". Er sitzt ebenfalls auf zwölf Steinen und brüllt mit erhobenem Kopf.

Aber in dieser Skulptur befindet sich zwischen den Vorderpranken des Löwen ein kleines Lamm. Das Lamm ist tot, geopfert, und der Löwe verkündet durch das Brüllen seine Verbundenheit zu diesem Lamm und verspricht Rache. In seiner Mähne befindet sich nicht der Holocaust, wie in der ersten Löwenskulptur, sondern eine große Menora, die aufrecht steht und in die Mähne eingewebt ist. Weil das jüdische Volk zurück im Land ist, steht die Menora richtig. Obwohl ich gehofft hatte, dass „Die Rache" des Lamm-Löwen vor dem 27. fertiggestellt sein würde, erkannte ich, dass dies unmöglich war.

Eine Woche, bevor wir nach Polen fliegen wollten, war ich in Jerusalem, versuchte ein paar Dinge zu erledigen und war zeitlich ein wenig unter Druck. Als ich auf dem Weg nach Hause war, fühlte ich mich etwas entspannter und dachte, dass wir nun unsere Sachen packen könnten, um nach Auschwitz zu reisen. Während der Heimfahrt dachte ich über ein paar Dinge nach und fühlte plötzlich, wie der Herr mir sehr deutlich sagte, dass ich den Löwen mitnehmen und außerdem auf Hebräisch dazuschreiben müsse: „O dass mein Haupt zu Wasser würde und mein Auge zum Tränenquell, so würde ich Tag und Nacht die Erschlagenen der Tochter meines Volkes beweinen!"
Darüber hinaus sollte ich am 27. Januar die israelische Fahne an das Gebäude hängen. Die Gegenwart des Herrn war so stark, und Er sagte dies so deutlich, dass ich mit dem Auto am Straßenrand parkte und alles aufschrieb. „Aber der Löwe ist noch nicht fertig", sagte ich zum Herrn.
„Du hast aber einen Löwen!", war Seine Antwort. Plötzlich erinnerte ich mich. *Ja, ich habe immer noch die Form des ursprünglichen Löwen, aber ich muss sie finden und säubern! Und wie werde ich die hebräischen Buchstaben für die Verse aus Jeremia einmeißeln?*
Zu dieser Zeit war das Gebäude in Birkenau nur teilweise gebaut, das Äußere von Spanplatten bedeckt. Sollte ich die Schablonen für die Worte ausschneiden und auf die Mauer malen? Ich spürte, dass diese provisorische Darstellung eine Markierung für das spezielle Datum war. Falls ich die Form des Löwen nach all diesen Jahren fände, um einen einfachen Gipsabdruck zu machen, könnte es funktionieren.
Aber das Aufhängen der Fahne ängstigte mich ein wenig. Eine israelische Flagge an das Gebäude in diesem kleinen polnischen Dorf Brzezinka (Birkenau) zu hängen, könnte zu einigen sehr negativen Reaktio-

nen von den Nachbarn führen. Aber da dies wirklich vom Herrn zu sein
schien, wusste ich, dass ich es einfach versuchen musste.

Dafna war eine riesige Hilfe beim Erstellen der Vorlagen für die Buchstaben. Ich fand die Stücke für die Form, reinigte sie und goss weißen
Gips hinein. *Ich werde die israelische Fahne vielleicht bei der Gebetskonferenz finden*, dachte ich. Wir arbeiteten sehr schwer bis zu dem
Tag, an dem wir flogen. Ich hatte es geschafft, die Stücke für den
„Löwen" zu gießen und sie mit Stricken und Klebeband zu etwas zu-
sammengepackt, von dem ich hoffte, es als Handgepäck mitnehmen
zu können. Es hatte Übergröße, wog beinahe 40 Kilogramm und sah
sehr komisch aus.

Am Flughafen schien es so, als würde niemand diesen 'Handgepäcks-
Löwen' sehen. Ich konnte die Tasche ungefähr 20 Meter weit tragen
und musste mich dann ausruhen, die Hand wechseln, bis wir endlich
zu unserem Gate gelangten. Bei allen Kontrollen und bis wir endlich in
unseren Flugzeugsitzen saßen, protestierte niemand gegen meinen
Löwen. Als wir in Oswiecim (Auschwitz) ankamen, gingen wir sofort
auf unser Zimmer.
Da wir ein paar Tage bis zum 27. Januar Zeit hatten, begann ich sofort
damit, die Stücke des „Löwen von Juda" auf der äußeren Mauer des
Gebäudes in Birkenau anzubringen. Mit zwölf großen flachen Steinen
schuf ich die Basis, auf der der Löwe sitzen sollte.
Wir malten die hebräischen Worte auf ein ebenes Holzstück und
brachten dieses neben dem Löwen an.

Ich hatte eine israelische Flagge gefunden und befestigte sie am Morgen des 27. Januar an der Vorderseite des Gebäudes. Zu diesem Datum gedachten am Eingang des Lagers Birkenau die Delegierten aus allen Nationen des 70. Jahrestages der Befreiung von Auschwitz.
Ein paar hundert Meter von diesem großen internationalen Treffen entfernt stand ein halbfertiges Bauwerk – markiert mit dem Aufschrei des Propheten Jeremia und dem Löwen von Juda, der Seine Fürbitte über das Leiden des jüdischen Volkes brüllt, und ebenso mit der israelischen Flagge, welche die Existenz der Nation verkündet, die Gott aus einem solchen Tod heraus hervorgebracht hat.

Der "Löwe", der Beginn in dieser Reise, hat jeden Schritt gekennzeichnet. Ich bete dafür, dass Sein Brüllen über dem jüdischen Volk und über dem Land Israel die vollständige Wiederherstellung bringen und ganz Israel zurück zu Ihm führen wird.

Im Jahr 2015 begann der Bau für das Gebäude, das die „Quelle" und die Botschaft der „Quelle" beherbergt.
Wird es noch dieses Jahr fertiggestellt werden? Nur Gott weiß das.
Aber ich bin davon überzeugt, dass der Löwe begonnen hat zu brüllen, und dass es keine Verzögerungen geben wird.

ANHANG

Von einer kahlen Wand zur "Quelle der Tränen"

212

Bescheidener Anfang – zuerst gab es kein Dach über der Ausstellung.

Naomi and Ruth

I am relating to the story of Ruth and
Naomi as a possible prophetic picture
of the relationship of the Church to
Israel. There are two types of
churches - one like Ruth clinging to
Naomi (Israel), and the other like
Orpha turning back to her own people
and gods. Naomi is broken, barren
and bitter. However, her one daughter-
in-law gives her support and says,
"Your people will be my people and
your God my God..." (Ruth 1:16)

Einer der sieben Ölbäume außerhalb des Gebäudes, der das Wasser von den „Tränen" erhält, welche über die Steintrennsäulen im Gebäude fließen.

Die „Fountain of Tears"-DVD hat verschiedene Sprachspuren: Englisch, Hebräisch, Französisch, Deutsch, Holländisch, Spanisch, Polnisch, Russisch, Griechisch, Kantonesisch, Koreanisch, Portugiesisch

Das Curriculum ist für eine Reihe von 1½-2 Stunden-Treffen konzipiert, idealerweise ein Abschnitt pro Woche.

Ein Dialog des Leidens zwischen der Kreuzigung und dem Holocaust ist ein Curriculum, das für die private Nutzung oder für kleine Studiengruppen konzipiert ist. Dieses Buch enthält außerdem zahlreiche Fotos von der „Quelle der Tränen". Dies soll keine intellektuelle Übung sein, sondern dieses Studieninstrument dringt tiefer in die Verbindung und Gemeinsamkeiten ein, die zwischen der Kreuzigung und dem Holocaust bestehen.

Das Material basiert auf der „Quelle der Tränen", einem modellierten Dialog des Leidens zwischen dem Gekreuzigten und dem Holocaust. Erwarten Sie bitte nicht, eindeutige Antworten zu finden, sondern erlauben Sie Gott dem Vater, Seine Tränen nach und nach in diesen Fragen offenzulegen.

ISBN 978-965-7542-37-8

Webseite: http://www.castingseeds.com
E-Mail: castingseeds@gmail.com

Es ist unbedingt erforderlich, sich für einen Besuch der „Quelle der Tränen" vorher anzumelden. Die Skulpturen befinden sich auf Privatgelände und nicht an einem öffentlich zugänglichen Ort. Termine müssen vorab vereinbart werden. Ein Besuch der Quelle dauert zwischen 60 und 90 Minuten. Im Allgemeinen wird die Präsentation in Englisch gegeben, aber es werden auch verschiedene andere Sprachen angeboten. Der Eintritt ist kostenlos.

Für die Organisation eines Besuchs bitten wir Sie, uns eine E-Mail mit möglichen Daten und Zeiten zu senden. Bitte geben Sie die zu erwartende Personenanzahl der Gruppe sowie Ihre bevorzugte Sprache an.

Die Quelle der Tränen Stiftung

Webseite: http://fot-foundation.org

Die Stiftung ist in der Handelskammer von Ost-Holland eingetragen unter der Nummer 50086286.
Spenden für das „Quelle der Tränen"-Projekt in Birkenau können über die Stiftung gemacht werden und sind von der Steuer absetzbar.

9 789657 542583